ITALIENISCHE KOCHSCHULE

PASTA

ITALIENISCHE KOCHSCHULE

PASTA

DIE SILBERLÖFFEL-KÜCHE

7	**ZURÜCK ZU DEN BASICS**
9	**ZUTATEN**
12	**UTENSILIEN**
14	**PASTASORTEN**
17	**FRISCHEI-PASTA**
18	**TAGLIATELLE**
70	**LASAGNE**
98	**CANNELLONI**
118	**RAVIOLI**
152	**TORTELLINI**
174	**REGISTER**

ZURÜCK ZU DEN BASICS

Immer wieder hört man das Vorurteil, Nudeln zu Hause herzustellen sei eine schwierige Angelegenheit, eigentlich eine Sache für Profis. Das Gegenteil ist richtig: Pasta selbst herzustellen ist einfach, man braucht nur wenige Grundzutaten. Und außerdem kann man nichts falsch machen: Selbst wenn Größe und Form der Pasta nicht ganz gleichmäßig geraten, verleiht gerade dies Ihrem Lieblingsessen einen rustikalen Charme – den Geschmack beeinträchtigt es in keiner Weise.

Ob Pappardelle mit Pilzen (siehe S. 24), eine klassische Lasagne mit Bolognesesauce (siehe S. 75) oder Enten Ravioli (siehe S. 150) – wenn Sie die Grundlagen beherrschen, können Sie Ihre Fantasie schweifen lassen und alle möglichen Geschmackskombinationen kreieren. Für jede Pasta-Sorte gibt es eine passende Soße oder Füllung.

In *Italienische Kochschule – Pasta* finden Sie sich leicht zurecht. Am Anfang gibt es einen Überblick über die Basics: Pasta-Sorten, Zutaten, Utensilien für die Pasta-Zubereitung und ein Rezept für Frischei-Pasta (siehe S. 17). In den folgenden Kapiteln geht es dann um die beliebtesten Pasta-Sorten – Tagliatelle, Lasagne, Cannelloni, Ravioli und Tortellini –, mit Rezepten, die Sie inspirieren und Ihren Gaumen kitzeln sollen.

Pasta selbst herzustellen macht Spaß, und wir möchten Sie ermutigen, einfach mal einige Rezepte aus jedem Kapitel auszuprobieren. Natürlich fehlt in der heutigen hektischen Arbeitswelt manchmal die Zeit, um abends mal eben noch selbst Pasta herzustellen. Aber für viele der Rezepte, vor allem im Tagliatelle- (siehe S. 18–69) und Lasagne-Kapitel (siehe S. 70–97), kann man auch frische gekaufte Pasta verwenden.

Für welches Rezept auch immer Sie sich letztlich entscheiden – Sie holen sich den Duft und den Geschmack der italienischen Küche ins Haus.

ZUTATEN

MEHL

Mehl wird durch Mahlen von Weizenkörnern (Weißmehl) erzeugt, die mehrmals zerkleinert und gesiebt werden. Mehle mit hohem Glutengehalt sind für die Herstellung frischer Pasta besonders gut geeignet. In Italien wird dazu Hartweizenmehl verwendet, das unterschiedlich fein vermahlen auf den Markt kommt, nach Typen unterschieden: „00" (sehr fein), „0" (fein) oder „1" – erhältlich ist es in italienischen Feinkostgeschäften oder online. Der Hartweizengrieß (*semolina*) ist auch hierzulande bekannt. Zur Herstellung von Teigen mit Ei ist das feine italienische Mehl des Typs „00" oder „0" besonders gut geeignet. Wenn Sie kein italienisches Mehl bekommen, können Sie handelsübliches Haushaltsmehl verwenden (Type 405 oder 550). In jedem Fall sollten Sie das Mehl vor der Verwendung sieben.

EIER

Nehmen Sie für die Zubereitung frischer Pasta sehr frische, hochwertige, extra große Eier. Verwenden Sie pro Ei gut 100 g Mehl. Wenn grüne Nudeln mit Gemüse wie Spinat hergestellt werden, nimmt man wegen des hohen Wassergehalts des Gemüses weniger Eier (als Faustregel wird jedes dritte Ei weggelassen). Bei einigen regionalen Rezepten wird nur das Eigelb verwendet, wodurch die Pasta zarter und aromatischer wird.

ÖL

Nur eine sehr geringe Menge Olivenöl, extra vergine, ist erforderlich, etwa ein Esslöffel, um den Teig elastischer zu machen.

| **WASSER** | Mit einer geringen Menge lauwarmem Wasser macht man den Teig geschmeidiger, sodass er sich leichter kneten lässt, und befeuchtet die Stärke im Mehl. Und natürlich wird frisch zubereitete Pasta in reichlich Salzwasser gekocht. |

| **PORTIONSGRÖSSEN** | In Italien wird Pasta normalerweise als Vorspeise *(primo piatto)* serviert. Die Portionen in diesem Buch sind für Hauptgerichte gedacht, und man rechnet ca. 120 g Nudeln pro Person. Die meisten dieser Rezepte können leicht auf mehr oder weniger Portionen umgerechnet werden. |

UTENSILIEN

MIXER

Die Zutaten können in einer Küchenmaschine mit Knethaken verarbeitet werden. Einfach alle Zutaten in die Schüssel geben, die Knethaken absenken, die Zeit und die Drehzahl einstellen (vorzugsweise niedrig), und fertig ist der Pastateig. Einige hochwertigere Modelle für den Haushalt sind mit Schneidevorrichtungen versehen, mit denen der Nudelteig in die gewünschte Form geschnitten werden kann. Durch Austausch von Zubehör und Einsätzen kann die Knetmaschine auch für die Herstellung von Brot, Pizza usw. verwendet werden.

FRISCHHALTEFOLIE

Wenn der Pastateig fertig ist, sollte man ihn mindestens eine Stunde ruhen lassen. Dazu in Frischhaltefolie einschlagen oder mit einem feuchten Geschirrtuch bedecken, um ein Austrocknen zu verhindern.

SPATEL

Wenn man den Teig von Hand knetet, ist ein Spatel nützlich, mit dem man die Teigmischung beim Kneten vom Nudelbrett oder der Arbeitsfläche abkratzt.

NÜTZLICHE HELFER

Mit einem Teigrädchen können Pastaformen wie Pappardelle oder Maltagliati gleichmäßig, präzise und schnell ausgeschnitten werden. Teigausstecher ermöglichen das Ausstechen einer Vielzahl von Pastaformen mit glattem oder gewelltem Rand, wie Ravioli, Tortelli und Tortellini. Zum Füllen von Pasta, wie z. B. Ravioli, verwenden Sie einen Spritzbeutel oder einen Teelöffel.

NUDELROLLE

Eine Nudelrolle (aus Holz oder mit Teflon beschichtet) ist unverzichtbar zum ersten Ausrollen des Teigs, bevor man ihn in die Nudelmaschine gibt.

NUDELMASCHINE

Eine (elektrische oder handbetriebene) Nudelmaschine dient zwei Zwecken: Um den Teig flach auszurollen und um ihn in die gewünschte Form zu schneiden. In der einfachsten Ausführung wird die Maschine mit einer Zwinge auf dem Tisch befestigt. Der Nudelteig wird in Portionen von jeweils 150 g geteilt und mit der Nudelrolle auf eine Dicke von höchstens 1–2 cm ausgerollt. Stellen Sie die Walzen der Nudelmaschine auf die größte Spaltbreite, klappen Sie den Teig zusammen und drehen Sie ihn durch die Maschine. Stellen Sie dann den nächstkleineren Abstand der Walzen ein und wiederholen Sie den Vorgang, bis die gewünschte Teigdicke erreicht ist.

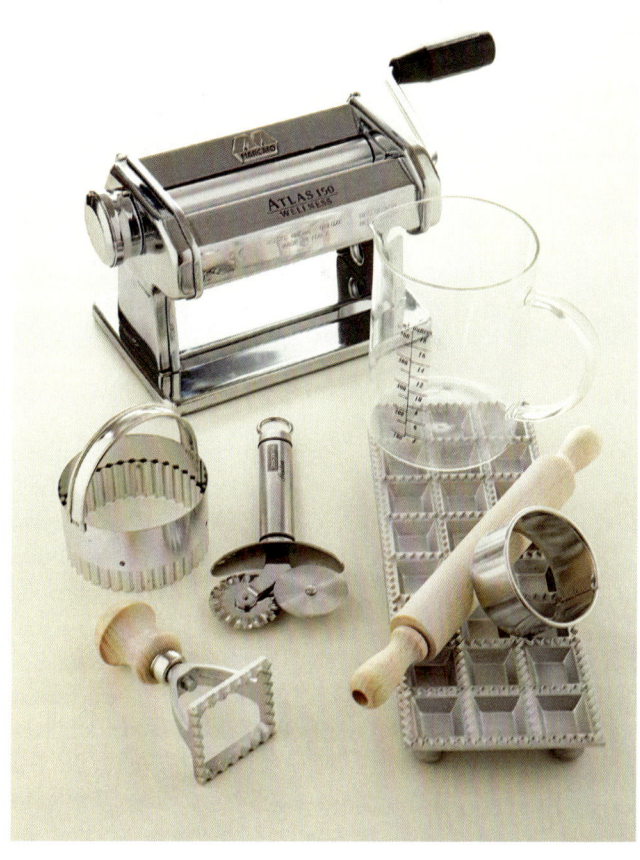

PASTASORTEN

TAGLIATELLE	Die beliebten Tagliatelle sind Bandnudeln, die traditionell auf eine Breite von 8 mm geschnitten werden. Es ist die ideale Pasta für das klassische *Ragù alla bolognese*. Weitere häufige Bandnudelformen sind *Fettuccine*, die etwas breiter (1 cm) und dicker (2 mm) sind als Tagliatelle, *Pappardelle*, 5–10 cm lange Streifen mit glattem oder gewelltem Rand, und *Taglioni*, sehr schmale Tagliatelle.
LASAGNE	Für überbackene Pastarezepte wie z.B. Lasagne wird der Pastateig in Rechtecke geschnitten, die in mehreren Lagen übereinander geschichtet werden. Dazwischen wird jeweils eine Schicht Tomaten- und/oder Béchamelsauce gegeben. Obendrauf kommt eine Schicht Käse. Lasagne, die als eine der ältesten Pastasorten gilt, ist wunderbar vielseitig und ideal für die Verköstigung großer Gruppen.
CANNELLONI	Eine Pastasorte zum Füllen sind Cannelloni. Hierfür werden rechteckige Pasta-Stücke (10–12 × 8–12 cm) um eine Füllung aufgerollt. Beliebte Füllungen sind Spinat und Ricotta (siehe Seite 101) oder Hackfleisch (siehe Seite 110).
RAVIOLI	Gefüllte Pasta, zu denen die Ravioli gehören, haben üblicherweise eine Füllung aus Fleisch, Fisch, Gemüse oder Käse und werden mit einer Sauce gereicht, die den Geschmack der Füllung abrundet. Ravioli sind Quadrate oder Halbmondformen mit Fleisch- oder Käse-Gemüse-Füllung. Sie stammen ursprünglich aus der Lombardei, sind aber in fast allen italienischen Regionen anzutreffen. Eine ähnliche Form ist bekannt als *Tortelli* (in lokalen Dialekten auch „*tordelli*"), die typisch sind für die Region Lucca, die Versilia und die Garfagnana. Diese halbkreisförmige Pasta enthält oft eine Fleisch-Kräuter-Füllung. *Agnolotti* sind dicke Ravioli-ähnliche Nudeln mit Fleischfüllung und typisch für die Region Piemont.

TORTELLINI

Tortellini sind kleine Teigquadrate, die über eine Füllung gefaltet, geschlossen, festgedrückt und zu einem Ring geformt werden. *Tortelloni* sind größer als Tortellini und werden üblicherweise mit Spinat und Ricotta gefüllt. Ebenfalls zu dieser Pasta-Familie gehören *Anolini*, die in der Form Tortellini ähneln und traditionell mit geschmortem Rindfleisch gefüllt sind. *Cappelletti* sind Teighütchen, die aus einer etwas dickeren Teigplatte und mit einer Fleischfüllung zubereitet werden.

SCHRITT 1

SCHRITT 2

SCHRITT 3

SCHRITT 4

SO GEHT'S

FRISCHEI-PASTA

EINFACH

– Zubereitungszeit:
*20 Minuten
+ 30 Minuten Ruhezeit*
– Kalorien pro 100 g: *368*
– Ergibt *500 g*

ZUTATEN

– 300 g Mehl („00")
– 3 Eier
– ½ TL Olivenöl

SCHRITT 1
Das Mehl in eine große Schüssel oder auf ein Nudelbrett sieben, eine Mulde hineindrücken, die Eier hineinschlagen und mit einer Gabel verquirlen. Das Öl und ½ TL Wasser in die Mulde gießen.

SCHRITT 2
Das Mehl vom Rand her in die Flüssigkeit einarbeiten. Wenn sich Eier und Mehl zu einem weichen Teig zu verbinden beginnen, die Mischung mit den Händen zu einer Kugel formen. 5 Minuten kneten, bis der Teig glatt und elastisch ist. In Frischhaltefolie einschlagen und 30 Minuten ruhen lassen.

SCHRITT 3
Nach der Ruhezeit den Teig für die Verarbeitung in der Nudelmaschine vierteln. Jedes Stück zu einem Rechteck von 10 × 5 cm Kantenlänge drücken. Die Walzen der Nudelmaschine auf größten Abstand stellen und den Teig hindurchdrehen. Dies mit jeweils engerem Abstand der Walzen wiederholen, bis der Teig die gewünschte Dicke hat.

SCHRITT 4
Man kann den Teig auch mit einer Nudelrolle ausrollen: Die Teigkugel auf eine leicht bemehlte Arbeitsfläche geben und ausrollen. Die Teigscheibe nach jedem Rollen um 45 Grad drehen, bis eine dünne, gleichmäßige Teigscheibe entsteht. Jetzt kann der Pastateig in die gewünschte Form geschnitten werden.

Tipp: Das Mehl immer sieben, um Klümpchen zu beseitigen und damit es weicher und luftiger wird.

TAGLIATELLE

20	TAGLIATELLE SELBST GEMACHT
23	PAPPARDELLE MIT FLEISCHSAUCE
24	PAPPARDELLE MIT PILZEN
27	TAGLIATELLE MIT SCHINKEN UND ERBSEN
28	TAGLIATELLE-GRATIN
31	PASTA AUS DEN ABRUZZEN MIT TOMATENSAUCE
32	GRÜNE FETTUCCINE
35	FETTUCCINE MIT SALSICCIA UND BALSAMICO-ESSIG
36	TAGLIERINI MIT MASCARPONE UND PAPRIKA
39	TAGLIATELLE MIT SALSICCIA-RAGOUT
40	TAGLIATELLE MIT SPARGEL
43	FETTUCCINE MIT HUHN UND MANDELN
44	TAGLIATELLE MIT LACHS
47	TAGLIATELLE MIT BOHNEN UND TINTENFISCH
48	STRACCI MIT VENUSMUSCHELN
51	PAPPARDELLE MIT KANINCHEN UND TOMATENSAUCE
52	PAPPARDELLE MIT SAHNIGER KRABBEN-TOMATENSAUCE
55	PAPPARDELLE MIT JAKOBSMUSCHELN
56	PAPPARDELLE MIT BLUMENKOHL UND GORGONZOLA
59	PAPPARDELLE MIT WALNÜSSEN
60	ZWEIFARBIGE TAGLIATELLE MIT BOHNENSAUCE
63	PAPPARDELLE NACH DER ART VON AREZZO
64	TAGLIERINI MIT KRABBEN
67	TAGLIERINI MIT TRÜFFELN
68	PAPPARDELLE MIT ENTENRAGOUT

SCHRITT 1

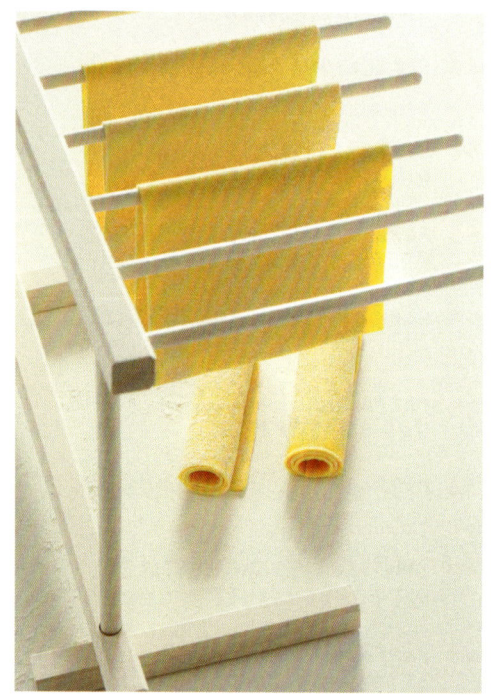

SCHRITT 2

SCHRITT 3

SCHRITT 4

SO GEHT'S

TAGLIATELLE SELBST GEMACHT

EINFACH

– Zubereitungszeit:
20 Minuten + 20 Minuten Ruhezeit
– 4 Portionen

ZUTATEN

– 1 Menge Frischei-Pasta (siehe Seite 17)
– Mehl und feiner Hartweizengrieß zum Bestäuben

SCHRITT 1
Den Teig mit einer Pastamaschine etwa 1 mm dick ausrollen. Mit wenig Mehl oder Grieß bestäuben und 20 Minuten auf einem Gestell oder auf Geschirrtüchern trocknen lassen. Nochmals mit Mehl oder Grieß bestäuben und die Platten locker zusammenrollen.

SCHRITT 2
Die Teigrollen mit einem scharfen Messer folgendermaßen schneiden: Tagliolini (2–3 mm), Taglierini (3 mm), Fettucine (5 mm), Tagliatelle (5–7 mm) oder Pappardelle (1 bis 1,5 cm).

SCHRITT 3
Sobald die Pasta in Streifen geschnitten ist, diese zu einem Nest formen.

SCHRITT 4
Die geschnittene Pasta auf eine mit Grieß bestreute Fläche legen. Grieß ist gröber als Mehl und verhindert, dass die Pasta zusammenklebt. Anschließend können Sie die Pasta sofort kochen. Für eine spätere Verwendung mit einem feuchten Tuch bedecken, einfrieren oder vollständig trocknen lassen und in einem luftdichten Behälter aufbewahren. Zum Trocknen die Pasta häufig wenden, um sie gleichmäßig der Luft auszusetzen. Die Pasta kann auch in kleine Rauten geschnitten werden, z. B. für Maltagliati (siehe Abbildung links).

PAPPARDELLE AL RAGÙ MISTO
PAPPARDELLE MIT FLEISCHSAUCE

MÄSSIG SCHWIERIG

- Zubereitungszeit: *10 Minuten*
- Kochzeit: *45 Minuten*
- Kalorien p. P.: *640*
- *2 Portionen*

ZUTATEN

- 2 EL Öl
- 30 g Butter
- ½ Zwiebel, fein gehackt
- ½ Karotte, fein gehackt
- 1 Selleriestange, fein gehackt
- 30 g Speck, fein geschnitten
- 200 g Hackfleisch vom Rind oder Schwein
- 1 Prise frisch geriebene Muskatnuss
- 100 ml Rotwein
- 250 g Dosentomaten
- 100 g Hühnerklein, klein geschnitten
- ½ Menge frische Pappardelle (siehe Seite 21)
- 2–3 EL geriebener Parmesan
- Salz und Pfeffer

Das Öl und die Hälfte der Butter in eine Kasserolle oder Pfanne geben. Zwiebeln, Karotten, Sellerie und Speck hinzufügen und 10 Minuten dünsten. Alles durchrühren und das Rind- oder Schweinefleisch zugeben. Mit Salz, Pfeffer und einer Prise Muskatnuss würzen. Zudecken und bei schwacher Hitze 15 Minuten köcheln lassen. Falls die Sauce zu trocken wird, ein wenig heißes Wasser hinzugießen.

Wenn das Hackfleisch leicht gebräunt ist, den Wein angießen und köcheln lassen, bis er verdampft ist. Die Tomaten hinzufügen. Zudecken und bei schwacher Hitze 15 Minuten köcheln lassen. Falls die Sauce zu trocken wird, ein wenig heißes Wasser hinzugießen.

Die restliche Butter in einer kleinen Kasserolle oder Pfanne zerlassen. Hühnerklein hinzufügen und 10 Minuten garen. Mit Salz und Pfeffer würzen.

Einen großen Topf mit Salzwasser zum Kochen bringen. Die Pasta hineingeben und in 2–3 Minuten al dente kochen. Abgießen und in einer vorgewärmten Suppenterrine anrichten. Die Sauce und das Hühnerklein dazurühren. Alles verrühren und mit geriebenem Parmesan servieren.

PAPPARDELLE AI FUNGHI
PAPPARDELLE MIT PILZEN

MÄSSIG SCHWIERIG

– Zubereitungszeit: *10 Minuten*
– Kochzeit: *20 Minuten*
– Kalorien p. P.: *480*
– *4 Portionen*

ZUTATEN

– 5–6 EL Olivenöl, extra vergine
– 1 Knoblauchzehe
– 500 g frische Steinpilze oder braune Champignons, in Scheiben geschnitten
– 1 Menge frische Pappardelle (siehe Seite 21)
– 1 kleiner Bund frische glatte Petersilie, fein gehackt
– Salz und Pfeffer
– geriebener Parmesan (wahlweise)

4–5 EL Öl in einer großen Pfanne erhitzen. Den Knoblauch hineingeben und bei schwacher Hitze leicht anbräunen. Dann den Knoblauch herausnehmen. Die Steinpilze ins Öl geben, salzen und 2–3 Minuten bei starker Hitze anbraten. Die Temperatur reduzieren und zugedeckt weitere 10 Minuten garen.

Einen großen Topf mit Salzwasser zum Kochen bringen und 1 EL Öl und die Pappardelle hineingeben. 2–3 Minuten kochen, bis sie al dente sind. 60 ml Kochwasser in die Pfanne mit den Pilzen geben. Die Pasta abgießen und mit der Pilzmasse vermischen. Einige Sekunden köcheln lassen, dann Petersilie und Pfeffer dazugeben. Auf Wunsch mit Parmesan bestreuen.

TAGLIATELLE PROSCIUTTO E PISELLI
TAGLIATELLE MIT SCHINKEN UND ERBSEN

EINFACH

- Zubereitungszeit: *20 Minuten*
- Kochzeit: *20 Minuten*
- Kalorien p. P.: *735*
- *4 Portionen*

ZUTATEN

- 40 g Butter
- 1 kleine Zwiebel, fein gehackt
- 250 g Erbsen
- 100 g gekochter Schinken, gewürfelt
- 1 Prise Muskatnuss, frisch gerieben
- 150 ml Schlagsahne
- 40 g geriebener Parmesan
- 1 Menge frische Tagliatelle (siehe Seite 21)
- Salz und Pfeffer

10 g Butter in einem Kochtopf zerlassen. Zwiebel und 60 ml heißes Wasser zugeben und 5–6 Minuten langsam garen, ohne dass die Zwiebeln Farbe annehmen. Eventuell zusätzlich etwas Wasser zugießen. Die Erbsen und einen Schöpflöffel heißes Wasser hineingeben und zugedeckt in etwa 4 Minuten gar kochen.

Die restliche Butter in einer Kasserolle oder Pfanne zerlassen, den Schinken hinzufügen und einige Sekunden anbraten. Dann die Erbsen und die Kochflüssigkeit hinzufügen. Mit Salz, Pfeffer und Muskatnuss würzen. Die Sahne zugeben und weitere 3–4 Minuten köcheln lassen. Vom Herd nehmen und den Käse hinzufügen.

Einen großen Topf mit Salzwasser zum Kochen bringen. Die Pasta hineingeben und in 2–3 Minuten al dente kochen. Pasta kurz abgießen und noch feucht in die Pfanne mit der Sauce geben. Alles locker vermischen und mit Pfeffer bestreuen. Sofort servieren.

Tipp: Einen Schöpflöffel Nudelkochwasser aufheben. Wenn Sie den Parmesan mit der Pasta vermischen und die Sauce zu dick ist, können Sie nach und nach ein wenig Kochwasser unterrühren, bis das Gericht eine cremige Konsistenz hat.

GRATIN DI TAGLIATELLE
TAGLIATELLE-GRATIN

EINFACH

– Zubereitungszeit:
10 Minuten
– Kochzeit: *15 Minuten*
– Kalorien p. P.: *782*
– *4 Portionen*

ZUTATEN

– 1 Menge frische Tagliatelle (siehe Seite 21)
– 50 g zerlassene Butter, zusätzlich Butter zum Einfetten
– 250 g Fontina, gewürfelt
– 1 Zweiglein Thymian (nur die Blätter)
– Salz und Pfeffer
– Tomatensauce

Den Ofen auf 200 °C vorheizen und eine feuerfeste Auflaufform einfetten. Einen großen Topf mit Salzwasser zum Kochen bringen. Die Pasta hineingeben und in 2–3 Minuten al dente kochen. Die Pasta abgießen und sofort mit der zerlassenen Butter, Salz und Pfeffer vermischen. Alles in die vorbereitete Auflaufform geben.

Den Käse und eine großzügige Menge Pfeffer darüberstreuen. Etwa 10 Minuten backen, bis der Käse schmilzt und Blasen wirft und die Pasta knusprig wird. Zum Servieren die Thymianblätter darüberstreuen und die Tomatensauce neben dem Gratin anrichten.

Tipp: Um das Gratin cremiger zu machen, können Sie den Fontina in kleine Stücke schneiden und eine Stunde in 200 ml Milch einweichen. Schmelzen Sie die Mischung in einem Topf mit schwerem Boden, wobei Sie darauf achten müssen, dass die Mischung nicht aufkocht. Gießen Sie diese cremige Sauce über die Tagliatelle. Im Ofen backen.

SAGNE CHIETINE
PASTA AUS DEN ABRUZZEN MIT TOMATENSAUCE

MÄSSIG SCHWIERIG

- Zubereitungszeit:
  20 Minuten
- Kochzeit: *45 Minuten*
- Kalorien p. P.: *469*
- *4 Portionen*

ZUTATEN

- 90 ml Olivenöl
- 3 Knoblauchzehen
- 9 (etwa 1 kg) reife Tomaten, geschält, entkernt und gehackt
- 5–6 frische Basilikumblätter
- ¼ rote Paprikaschote, in sehr dünne Streifen geschnitten
- Prise Chilipulver oder getrockneter Oregano
- 1 Menge Frischei-Pasta (siehe Seite 17)
- Salz
- fein geriebener Pecorino
- Chilipulver

Das Öl in einem großen Topf erhitzen und die ganzen Knoblauchzehen mit den Paprikastreifen bei schwacher Hitze anbraten. Wenn der Knoblauch und die Paprikastreifen leicht gebräunt sind, die gehackten Tomaten zugeben und etwa 30 Minuten köcheln lassen (die Sauce sollte nicht zu dick sein). Dann die Knoblauchzehen herausnehmen.
Die Basilikumblätter und etwas Chilipulver oder Oregano hinzufügen und vom Herd nehmen.

Den Pastateig zu einer dünnen Platte ausrollen, in 4 cm breite Streifen und dann in Rauten schneiden. Einen großen Topf mit Salzwasser zum Kochen bringen und die Pasta hineingeben. Den Topf zudecken und sobald das Wasser wieder sprudelnd kocht, die Pasta abgießen und in den Topf mit der Sauce geben. Mit geriebenem Pecorino und Chilipulver servieren.

FETTUCCINE VERDI
GRÜNE FETTUCINE

ANSPRUCHSVOLL

- Zubereitungszeit: 30 Minuten + 20 Minuten Trockenzeit und 30 Minuten Ruhezeit
- Kochzeit: 5 Minuten
- Kalorien p. P.: 700
- 2 Portionen

FÜR DIE PASTA

- 50 g Spinat, gewaschen und ausgedrückt
- 250 g Mehl („00")
- 2 Eier
- 4 TL Olivenöl oder Pflanzenöl
- Salz

FÜR DIE SAUCE

- 50 g Butter, zerlassen
- einige frische Salbeiblätter
- 30 g geriebener Parmesan
- Pfeffer

Den Spinat nochmals ausdrücken, um alle Flüssigkeit zu entfernen. Von Hand mit einem scharfen Messer sehr fein schneiden. Das Mehl in eine große Schüssel oder direkt auf eine saubere Arbeitsfläche sieben und eine Vertiefung in die Mitte drücken.
Die Eier in eine Schüssel schlagen und mit einer Gabel verschlagen. Den Spinat und 1 TL Öl zugeben und gut vermischen. Die Ei-Mischung in die Vertiefung geben und nach und nach von der Mitte zum Rand hin einarbeiten. Die Mischung mit den Händen durchkneten. Auf der Arbeitsfläche zurückgebliebenen Teig mit einem Spatel abkratzen und alles 5 Minuten kneten.
Den Teig in Frischhaltefolie wickeln und mindestens 30 Minuten ruhen lassen. Den Teig anschließend nach den Anweisungen auf Seite 21 ausrollen, trocken lassen und in 5 mm breite Streifen schneiden, dann in Nestern auf einem Backblech anordnen.
Einen großen Topf mit Salzwasser zum Kochen bringen und das restliche Öl hineingeben. Die Pasta 2–3 Minuten kochen, bis sie al dente ist. Etwas Pastawasser aufheben, dann abgießen. Die zerlassene Butter, den Salbei und den größten Teil des Käses hinzufügen. Wenn die Sauce zu dick ist, ein wenig Wasser hinzugießen. Mit Pfeffer abschmecken, den restlichen Käse über die Fettuccine streuen und servieren.

Tipp: Der Spinat kann durch die gleiche Menge gekochten Borretsch oder gekochte Brennnesseln ersetzt werden. Wenn Sie einen Pastateig für eine Fischsauce möchten, können Sie statt der Kräuter einen Beutel mit Kalmar-Tinte verarbeiten. Oder aromatisieren Sie den Teig mit 10 g gehacktem Schnittlauch oder mit anderen Kräutern.

FETTUCCINE CON SALSICCIA ALL'ACETO BALSAMICO
FETTUCCINE MIT SALSICCIA UND BALSAMICO-ESSIG

EINFACH

– Zubereitungszeit: *15 Minuten*
– Kochzeit: *30 Minuten*
– Kalorien p. P.: *405*
– 4 Portionen

ZUTATEN

– 30 g Butter
– 1 kleine Zwiebel, in dünne Scheiben geschnitten
– 80 g Salsiccia (italienische Wurst), enthäutet und fein zerkrümelt
– 200 g gehackte italienische Dosentomaten, abgetropft
– 2–3 Zweiglein frische Majoran- oder Oreganoblätter und zusätzlich Blätter zum Garnieren
– 1 Menge frische Fettuccine (siehe Seite 21)
– 1 EL Balsamico-Essig
– Salz und Pfeffer

Die Butter in einer großen Kasserolle oder Pfanne zerlassen. Die Zwiebel hineingeben und glasig dünsten. Salsiccia zugeben und weitere 10 Minuten unter ständigem Rühren anbraten. Die Tomaten und dann Majoran hinzufügen. Mit Salz und Pfeffer abschmecken. Weitere 10 Minuten kochen.

Inzwischen einen großen Topf mit Salzwasser zum Kochen bringen. Die Pasta hineingeben und 2–3 Minuten kochen, bis sie al dente ist. 120 ml Kochwasser aufheben, dann die Pasta abgießen. Die Pasta vorsichtig und nur kurz mit der Tomaten-Salsiccia-Sauce verrühren. Falls die Pasta zu trocken ist, einen Schuss Kochwasser hinzufügen. Mit dem Essig beträufeln und mit Majoran garnieren. Sofort servieren.

TAGLIERINI ALLA CREMA DI MASCARPONE E PEPERONI
TAGLIERINI MIT MASCARPONE UND PAPRIKA

EINFACH

– Zubereitungszeit:
10 Minuten
– Kochzeit: *1 Stunde 15 Minuten*
– Kalorien p. P.: *440*
– 2 Portionen

ZUTATEN

– 1 gelbe Paprikaschote
– 1 rote Paprikaschote
– 2 EL Olivenöl
– 100 g Mascarpone
– ½ Menge frische Taglierini (siehe Seite 21)
– Salz und Pfeffer

Den Ofen auf 180 °C vorheizen. Die Paprikaschoten in einen Bratentopf legen und etwa 1 Stunde im Ofen braten. Aus dem Ofen nehmen, in Folie wickeln und abkühlen lassen, bevor Haut, Stängelansatz, Samen und Trennwände entfernt werden. Paprikaschoten in sehr dünne Streifen schneiden.

Das Öl in einer großen Kasserolle oder Bratpfanne erhitzen und die Paprikastreifen darin kurz anbraten. Mit Salz und Pfeffer abschmecken, Mascarpone zugeben und alles zu einer cremigen Sauce verrühren.

Inzwischen einen großen Topf mit Salzwasser zum Kochen bringen. Die Pasta hineingeben und in 2–3 Minuten al dente kochen. Abgießen und die Pasta in die Kasserolle bzw. Bratpfanne zur Sauce geben. Kurz durchrühren und in einer vorgewärmten Servierschüssel servieren.

Tipp: Die Haut der Paprikaschoten lässt sich leichter entfernen, wenn die Schoten mit etwas Öl bestrichen und dann unter häufigem Wenden gegrillt werden. Damit kann die Zubereitungszeit verkürzt werden. Die Paprikaschoten zugedeckt in einer Schüssel abkühlen lassen und dann die Haut abziehen.

TAGLIATELLE AL RAGÙ DI SALSICCIA
TAGLIATELLE MIT SALSICCIA-RAGOUT

MÄSSIG SCHWIERIG

– Zubereitungszeit: 45 Minuten
– Kochzeit: 40 Minuten
– Kalorien p. P.: 960
– 6 Portionen

ZUTATEN

– 2 EL Olivenöl
– 15 g Butter
– 50 g italienischer luftgetrockneter Schinken oder Pancetta, fein gehackt
– 1 Zwiebel, fein gehackt
– 1 Selleriestange, fein geschnitten
– 1 Karotte, fein geschnitten
– 300 g gemischtes mageres Rind- und Schweinefleisch, fein gehackt
– 100 g frische italienische Salsiccia, ohne Haut, gekrümelt
– 50 g Hühnerleber, grob geschnitten
– 1 EL Milch
– 4 EL trockener Weißwein
– 300 g Tomatenpüree
– 1 Menge frische Tagliatelle (siehe Seite 21)
– Salz und Pfeffer
– geriebener Parmesan

Das Öl in einer großen Kasserolle oder Bratpfanne erhitzen. Erst die Butter und dann den fein gehackten Speck, Zwiebel, Sellerie und Karotte zugeben. 5 Minuten leicht anbräunen und dann das gemischte magere Fleisch, Salsiccia, Hühnerleber und Milch hinzugeben. Alles umrühren, salzen und pfeffern und bei starker Hitze 10 Minuten garen. Während des Garens das Fleisch mit einem Holzlöffel zerteilen. Den Wein zugießen und so lange kochen lassen, bis er verdampft ist. Das Tomatenpüree und 250 ml Wasser zugeben und bei schwacher Hitze 30 Minuten köcheln lassen, bis die Sauce eingedickt und das Fleisch zart ist.

Einen großen Topf mit Salzwasser zum Kochen bringen. Die Pasta hineingeben und 2–3 Minuten kochen, bis sie al dente ist. 120 ml Wasser aufheben, dann die Pasta abgießen.

Die Pasta unter das Ragout rühren und einen Spritzer Kochwasser zugeben, wenn das Gericht zu trocken ist. Mit geriebenem Parmesan servieren.

TAGLIATELLE ALLE ASPARAGI
TAGLIATELLE MIT SPARGEL

EINFACH

– Zubereitungszeit:
  10 Minuten
– Kochzeit: *30 Minuten*
– Kalorien p. P.: *607*
– *4 Portionen*

ZUTATEN

– 700 g Spargel
– 60 g Butter
– 1 Zwiebel, fein gehackt
– 1 Menge frische Tagliatelle
  (siehe Seite 21)
– 40 g geriebener Parmesan
– Salz

Einen Topf mit Salzwasser zum Kochen bringen. Den Spargel schälen, die Spargelköpfe abschneiden und 5–8 Minuten kochen, bis sie weich sind. Gut abtropfen lassen.

Zwei Drittel der Butter in einem Topf zerlassen, die Zwiebel hineingeben und langsam dünsten, ohne Farbe annehmen zu lassen. Die gekochten Spargelspitzen zugeben und unter gelegentlichem Rühren 5 Minuten weiter garen lassen.

Inzwischen einen großen Topf mit Salzwasser zum Kochen bringen. Die Pasta hineingeben und 2–3 Minuten kochen, bis sie al dente ist. Abgießen und mit der Spargelmischung vermischen, dabei die restliche Butter und den Parmesan hinzugeben. Sofort servieren.

FETTUCCINE AL POLLO E MANDORLE
FETTUCCINE MIT HUHN UND MANDELN

MÄSSIG SCHWIERIG

– Zubereitungszeit:
20 Minuten
– Kochzeit: *25 Minuten*
– Kalorien p. P.: *960*
– *2 Portionen*

ZUTATEN

– 30 g Butter
– 1 Schalotte, fein gehackt
– 150 g Hühnerbrust ohne Knochen und Haut, in kleine Stücke geschnitten
– 40 g nicht blanchierte Mandeln, grob gehackt
– 100 ml trockener Weißwein
– 200 ml Sahne
– ½ Menge frische Fettuccine (siehe Seite 21)
– 25 g fein geriebener Parmesan
– Salz und Pfeffer

Die Butter in einer Kasserolle oder Pfanne zerlassen, die Schalotte hineingeben und in 5 Minuten glasig dünsten. Die Temperatur erhöhen, das Huhn und die Mandeln hineingeben und 5 Minuten unter Rühren anbraten, bis das Fleisch auf allen Seiten schön braun ist. Den Wein zugießen, auf wenige Esslöffel einkochen, dann die Sahne dazurühren. 10 Minuten bei schwacher Hitze köcheln lassen, bis die Sauce eingedickt ist, dann mit Salz und Pfeffer würzen.

Einen großen Topf mit Salzwasser zum Kochen bringen. Die Pasta hineingeben und in 2–3 Minuten al dente kochen. Abgießen und in einer vorgewärmten Servierschüssel anrichten. Die Hühnersauce darübergeben und alles vermischen. Mit dem Parmesan bestreuen. Sofort servieren.

TAGLIATELLE AL SALMONE
TAGLIATELLE MIT LACHS

EINFACH

- Zubereitungszeit: *5 Minuten*
- Kochzeit: *10 Minuten*
- Kalorien p. P.: *607*
- *2 Portionen*

ZUTATEN

- 60 g Butter
- 200 g Räucherlachs, gehackt
- 100 ml Sahne
- 1 EL Whisky
- Saft einer halben Zitrone
- ½ Menge frische Tagliatelle (siehe Seite 21)
- Salz und Pfeffer

Die Butter in einem mittelgroßen Topf zerlassen. Den Lachs hineingeben, Sahne und Whisky zugießen. Den Lachs 2 Minuten bei schwacher Hitze dünsten, bis er Farbe angenommen hat und die Sauce etwas eingedickt ist. Mit Pfeffer, etwas Salz und 1 EL Zitronensaft (nach Belieben mehr) würzen.

Die Tagliatelle in einem großen Topf mit Salzwasser 2–3 Minuten lang kochen, bis sie al dente sind, und abgießen. Zu der Sauce geben und alles vorsichtig vermischen. In eine vorgewärmte Servierschüssel geben.

TAGLIATELLE, FAVE E CALAMARETTI
TAGLIATELLE MIT BOHNEN UND TINTENFISCH

MÄSSIG SCHWIERIG

– Zubereitungszeit:
  25 Minuten
– Kochzeit: 15 Minuten
– Kalorien p. P.: 367
– 4 Portionen

ZUTATEN

– 50 g Butter
– 1 Schalotte, fein gehackt
– 100 ml trockener Weißwein
– 300 g tiefgefrorene (dicke) Bohnen, ohne Schale
– 400 g Tintenfisch, ausgenommen und in Ringe geschnitten
– 1 Menge frische Tagliatelle (siehe Seite 21)
– Salz und Pfeffer

Die Hälfte der Butter in einem Topf zerlassen und die Schalotte zugeben. 10 Minuten bei schwacher Hitze glasig dünsten. Den Wein zugießen und auf einige Esslöffel einkochen.

Die Bohnen und die restliche Butter zugeben und unter gelegentlichem Umrühren bei schwacher Hitze 2 Minuten köcheln lassen. Die Tintenfischringe hinzufügen. Zugedeckt eine weitere Minute köcheln lassen, bis der Tintenfisch weiß ist und die Bohnen gar sind. Der Tintenfisch sollte nicht zu lange gegart werden. Mit Salz und Pfeffer würzen.

Inzwischen einen großen Topf mit Salzwasser zum Kochen bringen. Die Pasta hineingeben und 2–3 Minuten kochen, bis sie al dente ist. Pasta abgießen und mit den Tintenfischringen und den Bohnen vermischen. Vor dem Servieren alles unter Rühren nochmals 1 Minute erhitzen.

Tipp: Wenn die ausgelösten Bohnen etwa 1 Minute blanchiert und die Schalen entfernt werden, sind sie viel angenehmer zu essen, und auf dem Teller sieht es schöner aus.

STRACCI ALLE VONGOLE
STRACCI MIT VENUSMUSCHELN

EINFACH

– Zubereitungszeit: *30 Minuten*
– Kochzeit: *30 Minuten*
– Kalorien p. P.: *555*
– *4 Portionen*

ZUTATEN

– 1 Menge Frischei-Pasta (siehe Seite 17)
– 1 kg Venusmuscheln
– 3 Knoblauchzehen
– 4 EL Olivenöl
– 200 g Dosentomaten, gehackt
– 2 EL frische glatte Petersilie, fein gehackt
– Salz und Pfeffer

Den Teig mit der Pastamaschine zu einer etwa 1 mm dicken Teigplatte verarbeiten. In unregelmäßige Formen schneiden und beiseitestellen.

Die Venusmuscheln gründlich unter fließendem Wasser abbürsten. Mit 2 Knoblauchzehen und 2 EL Öl in eine Kasserolle oder Pfanne geben. Die Muscheln zugedeckt bei starker Hitze garen, bis sie sich öffnen. Das Muschelfleisch aus der Schale lösen und die Kochflüssigkeit durch ein mit einem Baumwolltuch ausgelegtes Sieb (oder einen Durchschlag) abseihen. Beides beiseitestellen.

Das restliche Öl in einem großen Topf erhitzen. Die Dosentomaten und die Knoblauchzehe hineingeben und köcheln lassen. Nach 10 Minuten 200 ml der abgeseihten Kochflüssigkeit hinzufügen, mit Salz und Pfeffer würzen und bei starker Hitze 5 Minuten kochen. Die Muscheln wieder in den Topf geben, kurz bevor die Pasta hinzugefügt wird.

Einen großen Topf mit Salzwasser zum Kochen bringen. Die Pasta hineingeben und in 2–3 Minuten al dente kochen. Die Pasta abgießen, zur Muschelsauce in den Topf geben und kurz nacherhitzen. Mit gehackter Petersilie bestreuen und servieren.

PAPPARDELLE AL SUGO DI CONIGLIO
PAPPARDELLE MIT KANINCHEN UND TOMATENSAUCE

EINFACH

- Zubereitungszeit: *10 Minuten*
- Kochzeit: *35 Minuten*
- Kalorien p. P.: *520*
- *4 Portionen*

ZUTATEN

- 3 EL Öl
- 1 Zwiebel, fein gehackt
- 1 Selleriestange, geschnitten und fein gehackt
- 2–3 Zweige frische glatte Petersilie, fein gehackt
- 1 Knoblauchzehe, fein gehackt
- 500 g Kaninchenfleisch, entbeint, klein geschnitten
- 4 EL trockener Weißwein
- 350 g Tomatenpüree
- heiße Gemüsebrühe (wahlweise)
- 1 Menge Pappardelle (siehe Seite 21)
- Salz und Pfeffer

Das Öl in einem großen Topf bei niedriger Temperatur erhitzen und Zwiebel, Sellerie, Petersilie und Knoblauch hineingeben. Mit Salz und Pfeffer würzen und etwa 10 Minuten dünsten. Das Kaninchenfleisch zugeben und 5 Minuten anbraten. Den Wein zugießen und bei starker Hitze aufkochen, bis er verdampft ist. Das Tomatenpüree hineinrühren und 20 Minuten kochen. Wenn die Sauce zu dick wird, kann sie eventuell mit Gemüsebrühe verdünnt werden.

Einen großen Topf mit Salzwasser zum Kochen bringen. Die Pasta hineingeben und in 2–3 Minuten al dente kochen. Abgießen und mit der heißen Sauce vermischen.

Tipp: Kaninchenfleisch ist fettarm und deshalb sehr bekömmlich. Es ist ideal für leichte, gesunde Saucen geeignet.

PAPPARDELLE AL GRANCHIO VELATE AL POMODORO
PAPPARDELLE MIT SAHNIGER KRABBEN-TOMATENSAUCE

EINFACH

– Zubereitungszeit: *5 Minuten*
– Kochzeit: *30 Minuten*
– Kalorien p. P.: *1035*
– *2 Portionen*

ZUTATEN

– 2 große reife Flaschentomaten
– Olivenöl zum Garen
– 1 kleine Zwiebel, fein gehackt
– 250 ml Sahne
– 1 EL Tomatenpüree
– 400 g Krabbenfleisch
– ½ Menge frische Pappardelle (siehe Seite 21)
– Salz und Pfeffer

Die Tomaten einige Sekunden in kochendes Wasser geben, abtropfen und abkühlen lassen. Dann schälen, entkernen, grob hacken und beiseitestellen.

Das Öl in einem großen Topf erhitzen. Die Zwiebel hineingeben und glasig dünsten. Die Sahne und das Tomatenpüree dazugießen, salzen und pfeffern. Den Topf auf den Herd stellen, die Mischung zum Kochen bringen, die Hitze reduzieren und unter gelegentlichem Rühren köcheln lassen, bis die Mischung leicht eingedickt ist.

Den Topf vom Herd nehmen und die Mischung durch ein feinmaschiges Sieb (oder einen Durchschlag) in einen anderen Topf abseihen. Das Krabbenfleisch und die Tomaten zugeben und alles leicht erhitzen, aber nicht aufkochen lassen.

Einen großen Topf mit Salzwasser zum Kochen bringen. Die Pasta hineingeben und in 2–3 Minuten al dente kochen. Abgießen und in einer vorgewärmten Schüssel mit der Sauce übergossen servieren.

Tipp: Krabben vor der Verwendung abtropfen lassen, und wenn sie sehr nass sind, mit Küchenpapier trocken tupfen.

PAPPARDELLE ALLE CAPPESANTE
PAPPARDELLE MIT JAKOBSMUSCHELN

EINFACH

- Zubereitungszeit: *18 Minuten*
- Kochzeit: *25 Minuten*
- Kalorien p. P.: *555*
- *2 Portionen*

ZUTATEN

- 2 EL Olivenöl
- 1 Schalotte, fein gehackt
- 1 Zweiglein frischer Estragon, fein gehackt
- 12 Jakobsmuscheln, ausgelöst
- 200 ml trockener Weißwein
- 200 g Dosentomaten, gehackt
- ½ Menge frische Pappardelle (siehe Seite 21)
- 1 EL frische glatte Petersilie, fein gehackt
- Salz und Pfeffer

Öl in einem Topf bei mittlerer Temperatur erhitzen. Die Schalotte und den Estragon zugeben und unter gelegentlichem Rühren bei schwacher Hitze 5 Minuten dünsten. Die Jakobsmuscheln zugeben, mit dem Wein beträufeln und etwa 10 Minuten köcheln lassen, bis der Alkohol verdampft ist. Dann die Tomaten zugeben. Mit Salz und Pfeffer abschmecken und weitere 5 Minuten köcheln lassen.

Die Pasta in reichlich kochendem Salzwasser 2–3 Minuten kochen, bis sie al dente ist. Die Pasta abgießen, in eine vorgewärmte Servierschüssel geben und die Pasta mit der Sauce übergossen anrichten. Mit Petersilie bestreuen und sofort servieren.

PAPPARDELLE CON CAVOLFIORE E GORGONZOLA
PAPPARDELLE MIT BLUMENKOHL UND GORGONZOLA

EINFACH

- Zubereitungszeit: *25 Minuten*
- Kochzeit: *25 Minuten*
- Kalorien p. P.: *555*
- *4 Portionen*

ZUTATEN

- 200 g Blumenkohlröschen
- 20 g Butter
- 150 g Gorgonzola, gewürfelt
- 3–4 EL Milch (wahlweise)
- 2–3 EL Olivenöl
- 1 Knoblauchzehe
- 1 EL Thymian, gehackt
- 1 Menge frische Pappardelle (siehe Seite 21)
- 25 g geriebener Parmesan
- Salz und Pfeffer

Den Blumenkohl in kochendem Salzwasser 5 Minuten blanchieren, dann abtropfen lassen. Das Kochwasser beiseitestellen.

Die Butter mit dem Gorgonzola in einem kleinen Topf unter ständigem Rühren bei schwacher Hitze zerlassen und eventuell einige EL Milch unterrühren. Die Mischung nicht aufkochen lassen. Den Topf vom Herd nehmen. Das Öl in einer flachen Pfanne erhitzen. Die Knoblauchzehe hineingeben und unter ständigem Rühren bei schwacher Hitze einige Minuten anbraten, bis sie leicht gebräunt ist. Die Knoblauchzehe herausnehmen.

Den Blumenkohl in die Pfanne geben und unter gelegentlichem Rühren 5 Minuten braten. Mit dem Thymian bestreuen und mit Salz und Pfeffer abschmecken.

Die Pappardelle im beiseitegestellten Kochwasser mit eventuell zusätzlichem kochendem Wasser in 2–3 Minuten al dente kochen. Abgießen, in die Pfanne geben und mit dem Blumenkohl vermischen. Die Gorgonzola-Mischung darübergießen, umrühren. Vom Herd nehmen, mit dem geriebenen Parmesan bestreuen und servieren.

PAPPARDELLE ALLE NOCI
PAPPARDELLE MIT WALNÜSSEN

EINFACH

- Zubereitungszeit: *10 Minuten*
- Kochzeit: *15 Minuten*
- Kalorien p. P.: *1020*
- *2 Portionen*

ZUTATEN

- 40 g Butter
- 80 g Walnüsse, grob gehackt
- 1 EL rosa Pfefferkörner, frisch geschrotet
- 1 EL frische glatte Petersilie, gehackt
- ½ Menge frische Pappardelle (siehe Seite 21)
- Salz

Die Butter in einem großen Topf zerlassen und die Walnüsse und den Pfeffer hineingeben. Unter ständigem Rühren bei schwacher Hitze 4 Minuten anrösten. Vom Herd nehmen und die gehackte Petersilie dazugeben.

Einen großen Topf mit Salzwasser zum Kochen bringen. Die Pasta hineingeben und in 2–3 Minuten al dente kochen. Abgießen und auf die Walnusssauce geben. Dabei rühren, um alles gut zu vermischen. In eine vorgewärmte Servierschüssel geben und sofort servieren.

Tipp: Wenn Sie Zeit und Geduld haben, geben Sie die Walnüsse einige Minuten in kochendes Wasser. Dann lassen sich die braunen Häutchen, die einen bitteren Geschmack haben, leicht entfernen.

TAGLIATELLE BICOLORI AL SUGO DI FAGIOLI
ZWEIFARBIGE TAGLIATELLE MIT BOHNENSAUCE

MÄSSIG SCHWIERIG

– Zubereitungszeit: *20 Minuten*
  Kochzeit: *1 Stunde
  20 Minuten*
– Kalorien p. P.: *819*
– 4 Portionen

ZUTATEN

– 15–20 g Borlotti-Bohnen (Wachtelbohnen), geschält
– 1–1½ EL Butter
– 2 EL Olivenöl
– 80 g Pancetta, fein gehackt
– 1 Zwiebel, fein gehackt
– frische glatte Petersilie, fein gehackt
– 1 Knoblauchzehe, fein gehackt
– 1 EL Tomatenpüree
– 175 ml heiße Gemüsebrühe
– ½ Menge frische Tagliatelle (siehe Seite 21)
– ½ Menge grüne Tagliatelle (siehe Seite 32)
– geriebener Parmesan
– Salz und Pfeffer

Einen großen Topf mit Salzwasser zum Kochen bringen. Die Bohnen hineingeben und in etwa 1 Stunde gar kochen.

In einem großen Topf 1 EL Butter mit dem Öl erhitzen und Pancetta, Zwiebel, Petersilie und Knoblauch zugeben. Unter ständigem Rühren einige Minuten sehr schwache Farbe annehmen lassen.

Das Tomatenpüree in die heiße Brühe einrühren und zu der Mischung in den Topf geben. Einige Minuten köcheln lassen. Die Bohnen (ein Drittel kann nach Belieben püriert werden) hinzufügen und weiter kochen, bis die Sauce vollständig eingedickt ist. Vom Herd nehmen und mit Salz und Pfeffer abschmecken.

Inzwischen einen großen Topf mit Salzwasser zum Kochen bringen. Die Pasta hineingeben und 2–3 Minuten kochen, bis sie al dente ist. Die Pasta abgießen und mit der Bohnensauce vermischen. Mit geriebenem Parmesan servieren.

PAPPARDELLE ALL'ARETINA
PAPPARDELLE NACH DER ART VON AREZZO

ANSPRUCHSVOLL

– Zubereitungszeit: *45 Minuten*
– Kochzeit: *1 Stunde 50 Minuten*
– Kalorien p. P.: *1040*
– *2 Portionen*

ZUTATEN

– 2 EL Öl
– 1 kg Jungente, gewaschen und in 8 Stücke geteilt, die Leber beiseitestellen.
– 100 g Pancetta, gewürfelt
– 1 Zwiebel, fein gehackt
– 1 Selleriestange, fein gehackt
– 1 Karotte, fein gehackt
– 100 ml trockener Weißwein
– 400 g Dosentomaten
– ¾ Menge frische Pappardelle (siehe Seite 21)
– Salz und Pfeffer
– Butter
– geriebener Parmesan

1 EL Öl in einer großen Kasserolle oder Pfanne erhitzen. Die Entenstücke hineingeben und von allen Seiten 5 Minuten anbraten, bis sie eine goldbraune Farbe angenommen haben. Das überschüssige Entenfett abschöpfen. Die Ente beiseitestellen.

Das restliche Öl, Pancetta, Zwiebel, Sellerie und Karotte in die Kasserolle geben. Bei schwacher Hitze 10 Minuten köcheln lassen, bis das Gemüse gar ist. Die Ente wieder in die Kasserolle geben, dann den Wein zugießen und einige Minuten einkochen lassen.

Die Tomaten zugeben, mit Salz und Pfeffer abschmecken. Zugedeckt etwa 1 Stunde 20 Minuten köcheln lassen. Die beiseitegestellte Leber zugeben und weitere 10 Minuten kochen, bis sich das Fleisch von den Knochen löst und die Sauce sämig ist.

Einen großen Topf mit Salzwasser zum Kochen bringen. Die Pasta hineingeben und in 2–3 Minuten al dente kochen. Abgießen und in eine vorgewärmte Servierschüssel geben. Ein wenig Butter dazurühren und alles mit der Sauce vermischen. Mit geriebenem Parmesan bestreut servieren.

Tipp: Diese Art von Pastagerichten wird allgemein mit einer Enten-, Hasen- oder Wildschweinsauce zubereitet. Das Fleisch wird gewöhnlich als zweiter Gang serviert, während die Sauce mit Pasta als erster Gang gereicht wird.

TAGLIERINI ALLA GRANCEOLA
TAGLIERINI MIT SEESPINNE

MÄSSIG SCHWIERIG

- Zubereitungszeit: *45 Minuten* + *30 Minuten Ruhezeit*
- Kochzeit: *1 Stunde*
- Kalorien p. P.: *1174*
- *2 Portionen*

ZUTATEN

- 700–800 g frische Seespinne, Beine und entleerte Scheren beiseitestellen
- 4 EL Öl
- Butter zum Kochen
- 1 Knoblauchzehe
- 1 EL Weinbrand
- ½ Menge frische Taglierini (siehe Seite 21)
- Salz und frisch gemahlener weißer Pfeffer

Beine und Scheren der Seespinne abdrehen. Panzer der Seespinne aufbrechen, indem die untere Seite von der rötlichen Oberseite abgehebelt wird. Dann das Fleisch mit einer Hummergabel aus dem Panzer lösen. Die Kiemen fortwerfen. Wenn Eier vorhanden sind, diese aufheben.

Für die Brühe werden die Beine und Scheren der Seespinne in einen Topf mit 475 ml kaltem Wasser gegeben und etwa 20 Minuten gekocht. Vom Herd nehmen. Die Brühe abseihen und mit ein wenig Salz abschmecken. Das Öl und ein Nüsschen Butter in einem Topf erhitzen, die Knoblauchzehe leicht anbräunen, herausnehmen. Das Fleisch der Seespinne in den Topf geben, gut umrühren und mit dem Weinbrand beträufeln. So lange kochen, bis dieser verdampft ist. 100 ml Brühe zugießen und zum Reduzieren köcheln lassen. Abschmecken und nach Belieben nachsalzen.

Einen großen Topf mit Salzwasser zum Kochen bringen. Die Pasta hineingeben und in 2–3 Minuten al dente kochen. Sorgfältig abtropfen lassen und die Pasta in eine vorgewärmte Servierschüssel geben, mit der Sauce begießen. Das Ganze mit frisch gemahlenem weißem Pfeffer bestreuen. Heiß servieren.

TAGLIERINI AL TARTUFO
TAGLIERINI MIT TRÜFFELN

MÄSSIG SCHWIERIG

– Zubereitungszeit: *30 Minuten*
– Kochzeit: *20 Minuten*
– Kalorien p. P.: *628*
– *4 Portionen*

FÜR DIE PASTA

– 400 g Mehl (Type 550)
– 2 Eier
– 1–2 EL geriebener Parmesan

FÜR DIE SAUCE

– 80 g Butter
– 1 Prise Muskatnuss, frisch gerieben
– 70–80 g geriebener Parmesan
– Gemüse- oder Hühnerbrühe, nach Geschmack
– 1 weißer Albatrüffel
– Salz und Pfeffer

Zuerst den Pastateig zubereiten: Das Mehl in eine große Schüssel oder auf eine saubere Arbeitsfläche sieben, eine Vertiefung in die Mitte drücken und die Eier hineinschlagen. Mit Parmesan bestreuen und etwa 90 ml Wasser zugeben, sodass sich eine eher feste Mischung ergibt. Nach und nach die Eier und die Flüssigkeit einarbeiten und den Teig gut durchkneten. Zu einer dünnen Platte ausrollen und mit einem scharfen Messer etwa 3 mm breite Taglierini schneiden.

Für die Sauce die Butter in einem kleinen Topf zerlassen, geriebene Muskatnuss und Käse zugeben. Mit ein wenig Brühe verdünnen und einige Minuten bei schwacher Hitze köcheln lassen, bis die Sauce die richtige Konsistenz hat. Mit Salz und Pfeffer abschmecken. Vom Herd nehmen.

Einen großen Topf mit Salzwasser zum Kochen bringen. Die Pasta hineingeben und in 2–3 Minuten al dente kochen. Die Pasta abgießen, in eine vorgewärmte Servierschüssel geben und mit der Sauce vermischen. Das Ganze mit Trüffelspänen bestreuen und servieren.

"NANA" SULLE PAPPARDELLE
PAPPARDELLE MIT ENTENRAGOUT

ANSPRUCHSVOLL

– Zubereitungszeit: *30 Minuten*
– Kochzeit: *50 Minuten*
– Kalorien p. P.: *1026*
– 2 Portionen

ZUTATEN

– 3 EL Öl
– 1 kg Jungente, Fleisch zerteilt, Leber und Magen in Stücke schneiden, beiseitestellen
– 1 Karotte, fein gehackt
– 1 Zwiebel, fein gehackt
– 1 Selleriestange, fein gehackt
– 1 EL frische glatte Petersilie, fein gehackt
– 1 TL Thymianblätter, gehackt
– 1 TL Majoranblätter, gehackt
– 150 g Kalbshackfleisch (wahlweise)
– 100 ml trockener Weißwein
– 1 EL Tomatenpüree
– 2–3 reife Tomaten, enthäutet und gewürfelt (wahlweise)
– ½ Menge frische Pappardelle (siehe Seite 21)
– Salz und Pfeffer
– geriebener Parmesan zum Servieren

2 EL Öl in einer Kasserolle oder Pfanne erhitzen und die Ententeile bei starker Hitze Farbe annehmen lassen. Mit Salz und Pfeffer abschmecken und bei schwacher Hitze weiter braten, bis das Fleisch schön gebräunt ist. Die Kasserolle vom Herd nehmen, die Ententeile herausnehmen und beiseitestellen.

Etwas Butter in der gleichen Kasserolle zerlassen, Karotte, Zwiebel, Sellerie, Petersilie, Thymian und Majoran hineingeben und köcheln lassen. Nach einigen Minuten die Entenleber, den Magen und (wenn gewünscht) das Kalbshackfleisch hinzufügen und anbräunen. Mit Salz und Pfeffer würzen.

Weitere 10 Minuten kochen, dann die Entenstücke zugeben, den Wein zugießen und das in wenig heißem Wasser oder Brühe aufgelöste Tomatenpüree nach und nach unterrühren. Weitere 30 Minuten köcheln lassen. Frische Tomaten zugeben, wenn gewünscht.

Einen großen Topf mit Salzwasser zum Kochen bringen, die Pasta hineingeben und 2–3 Minuten kochen, bis sie al dente ist. Abgießen, in eine vorgewärmte Servierschüssel geben und mit der Sauce übergießen. Mit Parmesan bestreuen. Das Entenfleisch kann als Hauptgericht serviert, aber auch auf der Pasta angerichtet werden.

LASAGNE

73 LASAGNE MIT PESTO

75 LASAGNE MIT BOLOGNESE-SAUCE

76 VEGETARISCHE LASAGNE

79 LASAGNE MIT SCHINKEN UND EI

80 LASAGNE MIT SAHNIGER PILZ-PARMESANSAUCE

83 LASAGNE MIT AUBERGINE UND RICOTTA

84 DREIFARBIGE LASAGNE

87 LASAGNE MIT ARTISCHOCKEN UND PILZEN

88 LASAGNE MIT MEERESFRÜCHTEN

91 GRÜNE LASAGNE MIT STEINPILZEN

92 KARNEVALS-LASAGNE

95 BUCHWEIZEN-LASAGNE MIT BROKKOLI

96 LASAGNE MIT TRÜFFEL-KALBFLEISCH UND LAUCHSAUCE

SCHRITT 1

SCHRITT 2

SCHRITT 3

SCHRITT 4

SO GEHT'S

LASAGNE AL PESTO
LASAGNE MIT PESTO

MÄSSIG SCHWIERIG

- Zubereitungszeit: *15 Minuten*
- Kochzeit: *30–40 Minuten*
- Kalorien p. P.: *460*
- *4 Portionen*

ZUTATEN

- 1 Menge Frischei-Pasta (siehe Seite 17)
- 1 EL Olivenöl oder Pflanzenöl, zusätzlich Öl zum Einfetten
- 1 ½ Mengen Béchamelsauce (siehe Seite 87)
- 150 g frisches Pesto guter Qualität, zusätzlich Pesto zum Servieren
- 40 g Parmesan, fein gerieben
- 2 EL Pinienkerne
- Salz

SCHRITT 1

Den Ofen auf 180 °C vorheizen und eine feuerfeste Auflaufform (20 × 24 cm) leicht einfetten. Den Pastateig auf einer sauberen Arbeitsfläche zu einer nicht zu dünnen Platte ausrollen. Mit einem ungezähnten Teigrädchen die Teigplatten in Rechtecke von etwa 10 × 18 cm schneiden.

SCHRITT 2

Einen großen Topf mit Salzwasser und 1 EL Öl zum Kochen bringen und jeweils nur wenige Lasagneplatten hineingeben. Sobald die Lasagneplatten aufschwimmen, diese mit einem Schaumlöffel aus dem Topf heben und auf einem sauberen Geschirrtuch oder Pergamentpapier (Backpapier) auslegen.

SCHRITT 3

2 Lasagneplatten auf den Boden der Auflaufform legen und mit einer dünnen Schicht Béchamelsauce bedecken. Einige TL Pesto daraufgeben und mit Parmesan bestreuen. Diesen Vorgang sechsmal wiederholen und mit einer Béchamelschicht abschließen. Die Pinienkerne darüberstreuen.

SCHRITT 4

Die Lasagne 30–40 Minuten backen, bis sie goldbraun und durchgängig heiß ist. Vor dem Servieren 3–4 Minuten stehen lassen.

LASAGNE ALLA BOLOGNESE
LASAGNE MIT BOLOGNESE-SAUCE

MÄSSIG SCHWIERIG

– Zubereitungszeit:
 30 Minuten
– Kochzeit: *1 Stunde
 20 Minuten*
– Kalorien p. P.: *510*
– *6 Portionen*

ZUTATEN

– 3 EL Öl, zusätzlich Öl zum Kochen
– 1 Karotte, fein gehackt
– 1 Zwiebel, fein gehackt
– 300 g Rindfleisch, sehr fein gehackt oder durchgedreht
– 4 EL trockener Weißwein
– 2 reife Tomaten, geschält, entkernt und gehackt
– 1 Menge frische Lasagne (siehe Seite 73)
– Butter zum Einfetten und für Butterflöckchen
– 475 ml Béchamelsauce
– 70 g geriebener Parmesan
– Salz und Pfeffer

Das Öl in einem großen Topf erhitzen. Karotte und Zwiebel hineingeben und dünsten, bis sie gar sind. Das Rindfleisch zugeben, eventuell portionsweise, und anbraten, bis es Farbe angenommen hat. Das Fleisch wieder in den Topf zurückgeben, Wein zugießen und so lange kochen, bis die Flüssigkeit verdampft ist. Mit Salz abschmecken, die Tomaten zugeben und 30 Minuten köcheln lassen. Mit Pfeffer abschmecken.

Den Ofen auf 180 °C vorheizen und eine feuerfeste Auflaufform mit Butter einfetten.

Einen großen Topf mit Salzwasser und Öl zum Kochen bringen und jeweils nur wenige Lasagneplatten hineingeben. Sobald die Teigplatten aufschwimmen, mit einem Schaumlöffel aus dem Topf heben und auf einem sauberen Geschirrtuch oder Pergamentpapier (Backpapier) auslegen.

Den Boden der vorbereiteten Auflaufform mit Lasagneplatten auslegen und einige Löffel der Fleischsauce daraufgeben. Dann eine dünne Schicht Béchamelsauce darauf verteilen, mit dem geriebenen Parmesan bestreuen und mit Butterflöckchen besetzen. Darauf wieder eine Schicht geben und diesen Vorgang so oft wiederholen, bis alle Zutaten aufgebraucht sind. Den Abschluss bildet eine Schicht Fleischsauce, die mit Béchamelsauce bedeckt wird. Etwa 30 Minuten backen. Einige Minuten stehen lassen und dann heiß servieren.

Tipp: Traditionell gibt man der Bolognese-Sauce während des Kochens ein wenig Milch zu. Dadurch wird sie milder im Geschmack und bekommt eine samtig weiche Konsistenz.

LASAGNE VEGETARIANE
VEGETARISCHE LASAGNE

MÄSSIG SCHWIERIG

– Zubereitungszeit: *40 Minuten*
– Kochzeit: *40 Minuten*
– Kalorien p. P.: *440*
– *4 Portionen*

ZUTATEN

– Butter, zum Einfetten
– 1 Menge frische Lasagne (siehe Seite 73)
– 5 EL Olivenöl zum Braten
– 2 Frühlingszwiebeln, gehackt
– 200 g Kürbis, in 1 cm große Stücke geschnitten
– 2 Zucchini, in Scheiben
– 200 g Kirschtomaten, halbiert
– 1 kleines Zweiglein frischer Rosmarin, gehackt, und zusätzlich Rosmarin zum Garnieren
– 4 EL Crème double
– 200 g Stracchino oder Taleggio
– 2 kleine Zweiglein frischer Majoran, gehackt
– 100 g geriebener Parmesan
– Salz und Pfeffer

Den Ofen auf 180 °C vorheizen und eine feuerfeste Auflaufform (20 × 24 cm) leicht einfetten.

In einem großen Topf 4 EL Öl erhitzen. Frühlingszwiebeln hineingeben und 2–3 Minuten andünsten. Kürbis zugeben und zugedeckt 5–6 Minuten kochen. Zucchini, Kirschtomaten und gehackten Rosmarin zugeben und mit Salz abschmecken. Bei mittlerer Hitze 10 Minuten garen, bis das Gemüse gar ist und etwas Farbe angenommen hat.

Inzwischen Crème double mit dem Stracchino und Majoran vermischen und eine Prise Salz zugeben.

Einen großen Topf mit Salzwasser und 1 EL Öl zum Kochen bringen und jeweils nur wenige Lasagneplatten hineingeben. Sobald die Teigplatten aufschwimmen, mit einem Schaumlöffel aus dem Topf heben und auf einem sauberen Geschirrtuch oder Pergamentpapier (Backpapier) auslegen.

Ein Drittel des Gemüses auf den Boden der vorbereiteten Auflaufform geben, darauf eine Schicht Pasta legen und ein wenig Käsesauce, Gemüse und Parmesankäse darauf verteilen. In dieser Weise drei Pastaschichten herstellen. Mit dem restlichen Gemüse und dem Käse abschließen. Mit ganzen Rosmarinnadeln und etwas Pfeffer bestreuen. Die Lasagne etwa 30 Minuten backen, bis sie goldbraun und durchgängig heiß ist. Dann servieren.

LASAGNE DORATE
LASAGNE MIT SCHINKEN UND EI

EINFACH

– Zubereitungszeit: *45 Minuten*
– Kochzeit: *45 Minuten*
– Kalorien p. P.: *610*
– *6 Portionen*

ZUTATEN

– 1 EL Öl
– 1 Menge frische Lasagne (siehe Seite 73)
– 475 ml Béchamelsauce (siehe Seite 87)
– 2 Eigelb, leicht geschlagen
– geriebener Parmesan, nach Belieben
– 120 g Schinken, in kleine Stücke geschnitten
– 4 hart gekochte Eier, in Scheiben geschnitten
– 50 g Butter, zusätzlich Butter zum Einfetten
– 250 g Fontina, in dünne Scheiben geschnitten
– Salz

Den Ofen auf 180 °C vorheizen und eine feuerfeste Auflaufform einfetten.

Einen großen Topf mit Salzwasser und 1 EL Öl zum Kochen bringen und jeweils nur wenige Lasagneplatten hineingeben. Sobald die Teigplatten aufschwimmen, mit einem Schaumlöffel aus dem Topf heben und auf einem sauberen Geschirrtuch oder Pergamentpapier (Backpapier) auslegen.

Die Béchamelsauce in einem kleinen Topf erhitzen, vom Herd nehmen und die Eigelbe hineinschlagen. Ein wenig geriebenen Parmesan und den Schinken dazurühren.

Den Boden einer Auflaufform mit einer Schicht Lasagneplatten auslegen. Darauf die Ei-Scheiben verteilen und mit Butterflöckchen besetzen. Einige Streifen Fontina, dann etwas geriebenen Parmesan und anschließend eine Schicht Béchamelsauce daraufgeben. Den Vorgang so oft wiederholen, bis alle Zutaten aufgebraucht sind. Mit einer Schicht Sauce und Butterflöckchen abschließen. 30 Minuten backen, dann heiß servieren.

Tipp: Um das Schälen der Eier zu erleichtern, diese nach dem Kochen sofort unter fließendem kaltem Wasser abschrecken. Die Eier über eine Arbeitsfläche rollen, sodass die Schalen springen, und anschließend etwa 10 Minuten in kaltes Wasser legen. Dabei dringt Wasser zwischen Schale und Eiweiß ein, sodass sich die Schale leicht lösen lässt.

LASAGNE CON CREMA DI PARMIGIANO E FUNGHI
LASAGNE MIT SAHNIGER PILZ-PARMESANSAUCE

EINFACH

– Zubereitungszeit: *40 Minuten*
– Kochzeit: *1 Stunde*
– Kalorien p. P.: *463*
– 6 Portionen

ZUTATEN

– 3 EL Öl
– 1 Menge frische Lasagne siehe Seite 73)
– 100 g Butter, zusätzlich Butter zum Einfetten
– 4–5 frische Salbeiblätter
– 4 EL Crème double
– 100 g geriebener Parmesan
– 1 Knoblauchzehe
– 500 g Pfifferlinge, geputzt, geschält und in kleine Stücke geschnitten
– Salz und Pfeffer

Einen großen Topf mit Salzwasser und 1 EL Öl zum Kochen bringen und jeweils nur wenige Lasagneplatten hineingeben. Sobald die Teigplatten aufschwimmen, mit einem Schaumlöffel aus dem Topf heben und auf einem sauberen Geschirrtuch oder Pergamentpapier (Backpapier) auslegen.

70 g Butter zerlassen und 4–5 Salbeiblätter zugeben. Die Blätter herausnehmen, sobald sie beginnen braun zu werden. Crème double zugeben und zum Köcheln bringen. Vom Herd nehmen, den geriebenen Parmesan dazurühren, beiseitestellen.

2 EL Öl in einem Topf erhitzen, die Knoblauchzehe leicht bräunen, dann herausnehmen. Die Pilze und eine Prise Salz in den Topf geben und 30 Minuten köcheln lassen. Den Ofen auf 180 °C vorheizen und eine feuerfeste Auflaufform mit Butter einfetten.

Die Zutaten in die Auflaufform schichten: Erst Lasagneplatten hineinlegen, dann die Käsesauce und dann die Pilze darauf verteilen. Den Vorgang so oft wiederholen, bis alle Zutaten aufgebraucht sind. Mit einer Schicht Lasagneplatten abschließen. Die restliche Butter in Flöckchen darauf verteilen und 20 Minuten backen. Einige Minuten stehen lassen und heiß servieren.

Tipp: Damit die oberste Schicht Lasagne beim Backen nicht austrocknet, diese die ersten 10 Minuten mit Alufolie abdecken.

LASAGNE ALLE MELANZANE E RICOTTA
LASAGNE MIT AUBERGINE UND RICOTTA

MÄSSIG SCHWIERIG

- Zubereitungszeit: *15 Minuten + 30 Minuten Ruhezeit*
- Kochzeit: *1 Stunde*
- Kalorien p. P.: *513*
- *4 Portionen*

ZUTATEN

- Butter zum Einfetten
- 1 große Aubergine
- 1 EL Öl, zusätzlich Öl zum Einfetten und Besprenkeln
- 1 Menge frische Lasagne (siehe Seite 73)
- 50 g Pinienkerne, fein gehackt
- 150 g Ricotta
- 120 ml Tomatenpüree
- frische Basilikumblätter
- Salz
- geriebener Parmesan

Den Grill oder Ofen auf 180 °C vorheizen und eine feuerfeste Auflaufform ausbuttern. Die Aubergine in Scheiben schneiden und in einen Durchschlag legen. Mit Salz bestreuen und 30 Minuten Wasser ziehen lassen. Dann unter fließendem kaltem Wasser abspülen und mit Küchenpapier trocken tupfen. Die Scheiben mit Öl einpinseln und grillen, bis sie weich sind.

Einen großen Topf mit Salzwasser und 1 EL Öl zum Kochen bringen und jeweils nur wenige Lasagneplatten hineingeben. Sobald die Teigplatten aufschwimmen, mit einem Schaumlöffel aus dem Topf heben und auf einem sauberen Geschirrtuch oder Pergamentpapier (Backpapier) auslegen.

Den Boden der Auflaufform mit der Hälfte der Lasagneplatten auslegen. Die Hälfte der Auberginenscheiben darauf verteilen, einige Pinienkerne darüberstreuen und die Hälfte des Ricotta darüber verteilen. Mit 4 EL Tomatenpüree und einigen Basilikumblättern abschließen. Mit ein wenig Öl besprenkeln. Die verbliebenen Lasagnescheiben darauflegen und mit den übrigen Zutaten bedecken. Zum Schluss mit geriebenem Parmesan bestreuen und etwa 40 Minuten im Ofen backen. Heiß servieren.

Tipp: Wenn die Lasagne cremiger sein soll, den Ricotta mit 100 ml Vollmilch oder Sahne vermischen. Sie können auch das Aroma der durchpassierten Tomaten intensivieren, indem Sie eine fein gehackte Schalotte, eine Prise Zucker, 3 EL Öl und eine Prise Salz zugeben und das Ganze 5–6 Minuten köcheln lassen.

LASAGNE TRICOLORI
DREIFARBIGE LASAGNE

MÄSSIG SCHWIERIG

– Zubereitungszeit: *40 Minuten*
– Kochzeit: 1 Stunde 20 *Minuten*
– Kalorien p. P.: *463*
– *6 Portionen*

ZUTATEN

– 1 Menge frische Lasagne (siehe Seite 73)
– 450 g Ricotta
– 900 g Spinat
– 2 EL Olivenöl
– 1 Knoblauchzehe
– 175 ml Tomatenpüree
– 40 g Butter, zusätzlich Butter zum Einfetten
– 80 g geriebener Pecorino
– Salz und Pfeffer

Den Ofen auf 180 °C vorheizen und eine feuerfeste Auflaufform (20 × 24 cm) leicht ausbuttern.
Den Ricotta durch ein Sieb (oder einen Durchschlag) streichen und mit Salz und Pfeffer abschmecken. In drei gleiche Teile teilen.
Einen sehr großen Topf bei mittlerer Temperatur erhitzen und den Spinat hineingeben. Zugedeckt 1½ Minuten kochen, dabei ein- oder zweimal umrühren, bis er zusammenfällt. In einem Sieb abtropfen lassen, mit kaltem Wasser überbrausen. Nochmals abtropfen lassen und so viel Flüssigkeit wie möglich ausdrücken.
Den Spinat grob zerschneiden und mit 1 EL Olivenöl, einer Knoblauchzehe und einer Prise Salz in einer Kasserolle oder Pfanne 3–4 Minuten kochen, bis die verbliebene Flüssigkeit verdampft ist. Den Spinat mit einer Portion Ricotta vermischen. Die durchpassierten Tomaten mit der zweiten Portion Ricotta vermischen, das letzte Drittel beiseitestellen.
Einen großen Topf mit Salzwasser und Öl zum Kochen bringen und jeweils nur wenige Lasagneplatten hineingeben. Sobald die Teigplatten aufschwimmen, mit einem Schaumlöffel aus dem Topf heben und auf einem sauberen Geschirrtuch oder Pergamentpapier auslegen.
Den Boden einer Auflaufform mit Lasagneplatten auslegen und die Spinat-Ricotta-Mischung darauf verteilen. Mit einem Viertel des Pecorino bestreuen. Mit einer Schicht Pasta bedecken, darauf den weißen Ricotta verteilen und mit Pecorino bestreuen. Mit einer Schicht Pasta bedecken und mit der Tomaten-Ricotta-Mischung und etwas Pecorino abschließen. Butterflöckchen auf der Oberfläche verteilen und 40 Minuten backen, bis die Ecken knusprig sind. Heiß servieren.

LASAGNE AI CARCIOFI E FUNGHI
LASAGNE MIT ARTISCHOCKEN UND PILZEN

MÄSSIG SCHWIERIG

- Zubereitungszeit: *40 Minuten*
- Kochzeit: *1 Stunde*
- Kalorien p. P.: *443*
- 6 Portionen

ZUTATEN

- 30 g getrocknete Steinpilze (Porcini)
- 10 Baby-Artischocken
- Saft einer Zitrone
- 3 EL Öl
- ½ Zwiebel, fein gehackt
- 1 Knoblauchzehe, fein gehackt
- 1 Menge frische Lasagne (siehe Seite 73)
- 40 g geriebener Parmesan
- Salz und Pfeffer

FÜR DIE BÉCHAMELSAUCE

- 30 g Butter, zusätzlich Butter zum Einfetten
- 2 EL Mehl (Type 550)
- 475 ml Milch
- geriebener Parmesan nach Belieben
- Salz und Pfeffer

Die getrockneten Steinpilze *(porcini)* in einer Schüssel mit lauwarmem Wasser einweichen. Die rohen Artischocken der Länge nach durchschneiden und in eine Schüssel mit Wasser legen, das mit ein wenig Zitronensaft gesäuert wurde. In einem großen Topf 2 EL Öl erhitzen. Die Zwiebel und den Knoblauch hineingeben und vorsichtig weich dünsten. Die abgetropften Artischocken hinzufügen, leicht bräunen, und dann mit lauwarmem Wasser beträufeln. Mit Salz und Pfeffer würzen. Wenn die Artischocken halb gar sind, die Steinpilze ausdrücken und dazugeben.

Für die Béchamelsauce die Butter bei mittlerer Hitze in einem kleinen Topf zerlassen. Das Mehl dazugeben und unter ständigem Rühren leicht anbräunen. Nach und nach unter ständigem Rühren die Milch zugießen. Die Sauce unter weiterem Rühren 10 Minuten köcheln lassen und dann vom Herd nehmen. Mit wenig Salz und Pfeffer abschmecken und den geriebenen Parmesan einrühren.

Den Ofen auf 180 °C vorheizen und eine feuerfeste Auflaufform ausbuttern. Einen großen Topf mit Salzwasser und 1 EL Öl zum Kochen bringen und jeweils nur wenige Lasagneplatten hineingeben. Sobald die Teigplatten aufschwimmen, mit einem Schaumlöffel aus dem Topf heben und auf einem sauberen Geschirrtuch oder Pergamentpapier (Backpapier) auslegen.

Die Zutaten in der folgenden Reihenfolge in die vorbereitete Form schichten: Béchamelsauce, Lasagneplatten, Artischocken, Steinpilze. Den Vorgang so oft wiederholen, bis alle Zutaten aufgebraucht sind. Mit einer Schicht Sauce abschließen und mit Parmesan bestreuen. Etwa 30 Minuten backen. Aus dem Ofen nehmen und vor dem Servieren kurz stehen lassen.

LASAGNE AL SAPORE DI MARE
LASAGNE MIT MEERESFRÜCHTEN

MÄSSIG SCHWIERIG

– Zubereitungszeit: *40 Minuten*
– Kochzeit: *30 Minuten*
– Kalorien p. P.: *360*
– *6 Portionen*

ZUTATEN

– Butter zum Einfetten
– 2 EL Olivenöl
– 1 Menge frische Lasagne (siehe Seite 73)
– 200 g Jakobsmuscheln
– 4 EL trockener Weißwein
– 250 ml Sahne
– ½ Bund frisches Schnittlauch, geschnitten
– 40 g geriebener mittelalter Pecorino
– 200 g Krabbenfleisch
– 180 g Pesto
– 2 italienische Dosentomaten, gewürfelt
– Salz und Pfeffer

Den Ofen auf 180 °C vorheizen und eine feuerfeste Auflaufform ausbuttern.

Einen großen Topf mit Salzwasser und 1 EL Öl zum Kochen bringen und jeweils nur wenige Lasagneplatten hineingeben. Sobald die Teigplatten aufschwimmen, mit einem Schaumlöffel aus dem Topf heben und auf einem sauberen Geschirrtuch oder Pergamentpapier (Backpapier) auslegen.

In einer Pfanne das restliche Öl bei niedriger Temperatur erhitzen. Die Jakobsmuscheln zugeben und auf jeder Seite jeweils 1 Minute anbraten. Die Jakobsmuscheln aus der Pfanne nehmen und warm stellen.

Den Wein in die Pfanne gießen und auf die Hälfte einkochen. Die Sahne und den Schnittlauch zugeben und die Flüssigkeit nochmals auf die Hälfte einkochen. Vom Herd nehmen und den geriebenen Pecorino und das Krabbenfleisch unterrühren. Mit Salz und Pfeffer würzen. Das Pesto mit den Tomatenwürfeln vermischen.

Die vorbereitete Form mit einer Schicht Lasagneplatten auslegen, eine Schicht Krabbensauce und dann einige Jakobsmuscheln daraufgeben. Den Vorgang wiederholen und mit einer Schicht Lasagneplatten abschließen. Das Pesto darüber verteilen. Die Form in den vorgeheizten Ofen schieben und 10 Minuten backen. Warm servieren.

LASAGNE AI FUNGHI PORCINI
LASAGNE MIT STEINPILZEN

EINFACH

– Zubereitungszeit: *25 Minuten*
– Kochzeit: *50 Minuten*
– Kalorien p. P.: *360*
– *6 Portionen*

ZUTATEN

– 3 EL Öl
– 2 Knoblauchzehen, zerdrückt
– 500 g frische Steinpilze (porcini), geschnitten
– 1 TL Thymianblätter
– 100 ml trockener Weißwein
– 1 Menge Béchamelsauce (siehe Seite 87)
– 1 Prise frisch geriebene Muskatnuss
– 1 Menge frische Lasagne (siehe Seite 73)
– 50 g geriebener Parmesan
– 30 g Butter, zusätzlich Butter zum Einfetten
– Salz und Pfeffer

Den Ofen auf 180 °C vorheizen und eine feuerfeste Auflaufform ausbuttern. In einem Topf 2 EL Öl erhitzen, den Knoblauch zugeben, leicht anbräunen und dann herausnehmen. Die Steinpilze in den Topf geben, mit Thymian bestreuen und den Wein zugießen. So lange kochen, bis die Flüssigkeit verdampft ist. Salzen und pfeffern und etwa 10 Minuten sanft köcheln, bis die Steinpilze weich sind. Sollten die Pilze zwischendurch zu trocken werden, den Topf zudecken.

Die Béchamelsauce mit einer Prise Muskatnuss würzen.

Einen großen Topf mit Salzwasser und Öl zum Kochen bringen und jeweils nur wenige Lasagneplatten hineingeben. Sobald die Teigplatten aufschwimmen, mit einem Schaumlöffel aus dem Topf heben und auf einem sauberen Geschirrtuch oder Pergamentpapier (Backpapier) auslegen.

Den Boden der vorbereiteten Auflaufform mit einer Schicht Lasagneplatten auslegen. Dann jeweils eine Schicht Pilze, Béchamelsauce und den geriebenen Parmesan daraufgeben. Den Vorgang so oft wiederholen, bis alle Zutaten aufgebraucht sind. Mit einer Schicht Béchamelsauce abschließen. Mit Butterflöckchen besetzen.

Etwa 20 Minuten backen, heiß servieren.

LASAGNE DI CARNEVALE
KARNEVALS-LASAGNE

MÄSSIG SCHWIERIG

– Zubereitungszeit: *30 Minuten
+ 30 Minuten Ruhezeit*
– Kochzeit: *40 Minuten*
– Kalorien p. P.: *670–502*
– *6–8 Portionen*

ZUTATEN

– 6 EL Olivenöl, zusätzlich Öl zum Braten
– 1 Stange Sellerie, gewürfelt
– 1 Karotte, gewürfelt
– 1 Zwiebel, gewürfelt
– 250 g Salsiccia, in mundgerechte Stücke geschnitten
– 750 ml Tomatenpüree
– 150 g Schweinehackfleisch
– 100 g Kalbshackfleisch
– 30 g Brotwürfel (altes Brot), in Wasser eingeweicht und ausgedrückt
– 4 Eier
– 50 g geriebener Pecorino
– ½ Menge frische Lasagne (siehe Seite 73)
– 200 g Ricotta
– 50 g neapolitanische oder andere Salami, in Scheiben
  150 g Caciocavallo, Scamorza oder Provolone, in Scheiben geschnitten
– Grieß zum Bestäuben
– Salz

In einem Topf 4 EL Öl erhitzen. Sellerie, Karotte und Zwiebel hineingeben und 5 Minuten andünsten. Die Salsiccia zugeben und einige Minuten anbraten, bis die Wurststücke Farbe annehmen. Das Tomatenpüree zugießen, mit Salz abschmecken, Deckel auflegen und bei niedriger Temperatur 30 Minuten garen.
Inzwischen das Hackfleisch, die Brotwürfel, 1 Ei und 1 EL geriebenen Pecorino mit einer Prise Salz in eine Schüssel geben. Alle Zutaten vermischen und aus der Mischung etwa 40 haselnussgroße Klößchen formen. In einer Pfanne 2 EL Öl sehr heiß werden lassen und die Klößchen hineingeben. 3–4 Minuten rundum anbraten, sodass sie eine braune Farbe annehmen. Beiseitestellen. Wenn die Tomaten-Salsiccia-Sauce fertig ist, zur Sauce hinzugeben.
Den Ofen auf 180 °C vorheizen. Die restlichen Eier 10 Minuten kochen. Unter kaltem Wasser abschrecken, abpellen und in Scheiben schneiden.
Einen großen Topf mit Salzwasser und 1 EL Öl zum Kochen bringen und jeweils nur wenige Lasagneplatten hineingeben. Sobald die Lasagneplatten aufschwimmen, mit einem Schaumlöffel aus dem Topf heben und auf einem sauberen Geschirrtuch oder Backpapier auslegen. Eine dünne Schicht Sauce in eine feuerfeste Form geben. Dann nacheinander eine Schicht Pasta und eine Schicht Sauce mit jeweils der Hälfte von Ricotta, Salami, Eierscheiben, Caciocavallo und dem restlichen Pecorino darauf verteilen. Den Vorgang wiederholen, sodass sich insgesamt drei Pasta-Schichten ergeben. Mit der Fleischsauce, Salami, Eiern und Käse abschließen. 20 Minuten locker mit Alufolie bedeckt backen, dann die Folie abnehmen und weitere 20 Minuten backen. Heiß servieren.

LASAGNE DI GRANO SARACENO CON BROCCOLI
BUCHWEIZEN-LASAGNE MIT BROKKOLI

ANSPRUCHSVOLL

- Zubereitungszeit:
  30 Minuten + 30 Minuten Ruhezeit
- Kochzeit: *1 Stunde*
- Kalorien p. P.: *540*
- 8 Portionen

FÜR DIE PASTA

- 100 g Buchweizenmehl
- 200 g Mehl („00")
- 3 Eier
- Salz

FÜR DIE FÜLLUNG

- 1 kg Brokkoliröschen
- 1 Wirsingkopf
- 25 g Butter, zusätzlich Butter zum Einfetten
- 50 g Pancetta, gewürfelt
- 2 Schalotten, in dünne Scheiben geschnitten
- 120 g Ricotta
- 50 g geriebener Parmesan
- Muskatnuss, frisch gerieben
- 1 Menge Béchamelsauce (siehe Seite 87)
- 100 g Emmentaler, gewürfelt
- ½ TL Salz
- Pfeffer

Beide Mehlsorten auf die Arbeitsfläche sieben, eine Vertiefung in die Mitte drücken und die Eier hineinschlagen. Nach und nach die Eier in das Mehl einarbeiten und kneten, bis ein glatter, elastischer Teig entsteht. In Frischhaltefolie wickeln und 30 Minuten ruhen lassen.

Einen großen Topf mit Salzwasser zum Kochen bringen. Die Brokkoliröschen hineingeben und 2 Minuten kochen, bis sie hellgrün, aber noch bissfest sind. Mit einem Schaumlöffel aus dem Topf heben, mit kaltem Wasser überbrausen und gut abtropfen lassen. Mit dem Wirsing ebenso verfahren.

In einem großen Topf die Butter zerlassen und Pancetta und Schalotte zugeben. Einige Minuten dünsten, dann Wirsing und Brokkoli hinzufügen. Zugedeckt unter gelegentlichem Rühren 5 Minuten garen. Etwas abkühlen lassen, dann Ricotta, geriebenen Parmesan, Muskatnuss, Salz und Pfeffer dazurühren.

Den Pastateig ausrollen, in Platten schneiden und 20 Minuten trocknen lassen. Einen großen Topf mit Salzwasser und 1 EL Öl zum Kochen bringen. Jeweils nur wenige Platten hineingeben und kochen, bis sie aufschwimmen. Gut abtropfen lassen und auf einem sauberen Geschirrtuch oder Backpapier auslegen. Den Ofen auf 180 °C vorheizen und eine feuerfeste Auflaufform ausbuttern. Die Béchamelsauce erhitzen, den Emmentaler zugeben und rühren, bis der Käse geschmolzen ist. Vom Herd nehmen, salzen und pfeffern.

Den Boden einer Auflaufform mit Lasagneplatten auslegen. Die Hälfte des Gemüses und dann ein Drittel der Sauce darauf verteilen. Den Vorgang wiederholen und mit einer Schicht Béchamelsauce abschließen. Die Lasagne 20–25 Minuten backen, bis sie goldbraun ist. Heiß servieren.

LASAGNE AL RAGÙ, TARTUFO, E CREMA DI PORRI
LASAGNE MIT TRÜFFEL-KALBFLEISCH UND LAUCHSAUCE

MÄSSIG SCHWIERIG

– Zubereitungszeit: *30 Minuten*
– Kochzeit: *1 Stunde*
– Kalorien p. P.: *470*
– *4 Portionen*

FÜR DIE LASAGNE

– Butter zum Einfetten
– 1 Menge frische Lasagne (siehe Seite 73)
– 4 EL Olivenöl
– trockene oder geröstete Brotkrumen
– 350 g Kalbfleisch, sehr fein geschnitten oder durchgedreht
– 3 EL trockener Weißwein
– 40 g schwarze Trüffel, die Hälfte fein gewürfelt
– 2 Eier, leicht geschlagen
– 40 g geriebener Parmesan
– 1 Prise Muskatnuss, frisch gerieben
– Salz

FÜR DIE SAUCE

– 3 EL Olivenöl
– 3 Lauchstangen, in dünne Ringe geschnitten
– 200 ml heiße Gemüsebrühe
– Salz und Pfeffer

Den Ofen auf 200 °C vorheizen und eine feuerfeste Auflaufform ausbuttern.
Für das Ragout 3 EL Öl in einem Topf erhitzen und das Kalbfleisch hineingeben. 3 Minuten anbraten, dabei umrühren. Mit Salz abschmecken, den Wein zugießen und kochen, bis er verdampft ist. Den gewürfelten Trüffel unterrühren und weitere 5–10 Minuten köcheln lassen. Vom Herd nehmen und abkühlen lassen. Dann die Eier, drei Viertel des Parmesans und Muskatnuss dazurühren.
Für die Lauchsauce das Öl in einem Topf erhitzen. Den Lauch und 3 EL Wasser zugeben und 5 Minuten kochen. Die heiße Brühe zugeben und weitere 10 Minuten köcheln lassen. Mit Salz und Pfeffer würzen. Vom Herd nehmen, in einem Mixer pürieren und zum Warmhalten in den Topf zurückgeben.
Einen großen Topf mit Salzwasser und 1 EL Öl zum Kochen bringen und jeweils nur wenige Lasagneplatten hineingeben. Sobald die Teigplatten aufschwimmen, mit einem Schaumlöffel aus dem Topf heben und auf einem sauberen Geschirrtuch oder Pergamentpapier auslegen. Alle Teigplatten mit einem scharfen Messer halbieren. Auf jedes Pasta-Quadrat mittig 1 EL der Füllung setzen und dann zu einem Dreieck falten. Die Ränder fest andrücken. Die Hälfte der Lauchsauce in eine Auflaufform gießen und die gefüllten Pasta-Dreiecke darauf verteilen. Mit der restlichen Lauchsauce bedecken und mit der Mischung aus dem restlichen Parmesan und den Brotkrumen bestreuen. Etwa 20 Minuten backen. Den Ofen ausschalten und die Auflaufform herausnehmen. Die andere Hälfte des Trüffels über die oberste Schicht hobeln, die Auflaufform wieder in den Ofen schieben und weitere 10 Minuten backen.

CANNELLONI

101 CANNELLONI MIT KÄSE
UND SPINAT

102 CANNELLONI MIT BÉCHAMELSAUCE

105 CANNELLONI MIT KÄSE
UND GEMÜSE

106 CANNELLONI MIT FLEISCH
UND PILZEN

109 SORRENTINISCHE
GEMÜSE-CANNELLONI

110 CANNELLONI NACH
NEAPOLITANISCHER ART

113 CANNELLONI MIT RADICCHIO

114 CANNELLONI MIT ARTISCHOCKEN

117 CANNELLONI MIT
MEERESFRÜCHTEN

SCHRITT 1

SCHRITT 2

SCHRITT 3

SCHRITT 4

SO GEHT'S

CANNELLONI ALLE ERBETTE
CANNELLONI MIT KÄSE UND SPINAT

MÄSSIG SCHWIERIG

– Zubereitungszeit: *30 Minuten*
– Kochzeit: *20 Minuten*
– Kalorien p. P.: *480*
– *4 Portionen*

ZUTATEN

– 1 Menge Frischei-Pasta (siehe Seite 17)
– 1 EL Öl
– 400 g Spinatblätter, fein gehackt
– 400 g Schafmilch-Ricotta
– 100 g geriebener Parmesan
– 1 Ei, leicht geschlagen
– 1 Prise Muskatnuss, frisch gerieben
– Butter zum Einfetten
– 200 ml Sahne
– Salz

SCHRITT 1
Den Ofen auf 180 °C vorheizen. Den Pastateig auf einer sauberen Arbeitsfläche zu einer dünnen Platte ausrollen und in 10 cm große Vierecke schneiden (Sie können auch eine Pastamaschine verwenden). Einen großen Topf mit Salzwasser und 1 EL Öl zum Kochen bringen und jeweils nur wenige Teigplatten hineingeben. Sobald sie aufschwimmen, mit einem Schaumlöffel aus dem Topf heben und auf einem sauberen Geschirrtuch oder Pergamentpapier (Backpapier) auslegen.

SCHRITT 2
Den Spinat und den Ricotta mischen, dann die Hälfte des Parmesans, Ei, eine Prise Salz und Muskatnuss unterrühren. Die Mischung in einen Spritzbeutel mit einer Tülle von 1,5 cm Durchmesser löffeln.

SCHRITT 3
Die Füllung auf eine Kante eines jeden Teigvierecks spritzen, sodass ein gleichmäßiger Wulst entsteht. Die Pasta sorgfältig um die Füllung herum zu einem Zylinder aufrollen.

SCHRITT 4
Eine Auflaufform ausbuttern und die Cannelloni nebeneinander in einer einzigen Schicht auslegen. Die Sahne darübergießen und mit dem restlichen Parmesan bestreuen. Etwa 20 Minuten backen, bis die Oberfläche goldfarben ist und Blasen wirft.

Tipp: Wenn Sie keinen Spritzbeutel haben, können Sie die Füllung auch mit einem Teelöffel in die Mitte eines jeden Pasta-Vierecks geben und ausstreichen. Die Pasta vorsichtig um die Füllung aufrollen, sodass sie vollständig umschlossen ist.

CANNELLONI ALLA BESCIAMELLA
CANNELLONI MIT BÉCHAMELSAUCE

MÄSSIG SCHWIERIG

- Zubereitungszeit: *40 Minuten*
- Kochzeit: *45 Minuten*
- Kalorien p. P.: *742*
- *4 Portionen*

ZUTATEN

- Butter zum Einfetten und für Butterflöckchen
- 300 g Spinat
- 200 g Kalbsbraten
- 1 Scheibe Schinken
- 30 g geriebener Parmesan
- 1 Ei, leicht geschlagen
- 1 EL Öl
- 1 Menge Frischei-Pasta (siehe Seite 17)
- 475 ml Béchamelsauce (siehe Seite 87)
- Salz und Pfeffer

Den Ofen auf 200 °C vorheizen und eine feuerfeste Auflaufform ausbuttern. Den Pastateig auf einer sauberen Arbeitsfläche zu einer dünnen Platte ausrollen und in 10 cm große Vierecke schneiden.

Einen großen Topf mit Wasser zum Kochen bringen. Den Spinat hineingeben und so lange kochen, bis er zusammenfällt. Gut abtropfen lassen, ausdrücken und kein schneiden. Das Kalbfleisch und den Schinken in kleine Stücke schneiden, den Spinat, den geriebenen Käse und das Ei hinzufügen. Mit Salz und Pfeffer abschmecken.

Einen großen Topf mit Salzwasser und Öl zum Kochen bringen und jeweils nur wenige Teigplatten hineingeben. Sobald sie aufschwimmen, mit einem Schaumlöffel aus dem Topf heben und auf einem sauberen Geschirrtuch oder Pergamentpapier (Backpapier) auslegen.

Erst etwas Béchamelsauce und dann die Füllung darauf verteilen und vorsichtig mit geringem Druck aufrollen.

Die Cannelloni nebeneinander in die vorbereitete Auflaufform legen. Mit der Béchamelsauce bedecken und mit Butterflöckchen besetzen. Etwa 20 Minuten backen. Vor dem Servieren 5 Minuten ruhen lassen.

CANNELLONI DI FORMAGGI E VERDURE

CANNELLONI MIT KÄSE UND GEMÜSE

MÄSSIG SCHWIERIG

– Zubereitungszeit: *40 Minuten*
– Kochzeit: *1 Stunde 30 Minuten*
– Kalorien p. P.: *483*
– 6 Portionen

ZUTATEN

– 3 Artischocken
– Saft einer Zitrone
– 2 Karotten, in dünne Scheiben geschnitten
– 2 Zucchini, in dünne Scheiben geschnitten
– 150 g grüne Bohnen, geschält
– 50 g Butter, zusätzlich Butter zum Einfetten
– 1 Lauchstange, in feine Ringe geschnitten
– 1 reife Tomate, in Streifen geschnitten
– 200 g Stracchino
– 80 g geriebener Parmesan
– 1 EL Öl
– 1 Menge Frischei-Pasta (siehe Seite 17)
– 75 g Erbsen
– 475 ml Béchamelsauce (siehe Seite 87)
– Salz und Pfeffer

Die Artischocken in Stücke schneiden. Zur Vorbereitung der Artischocken den Stiel, die äußeren Blätter, die Spitzen und das Heu entfernen. Sofort in eine Schüssel mit kaltem Wasser und dem Saft von 1 Zitrone legen, damit sie sich nicht verfärben.
Einen großen Topf mit Wasser zum Kochen bringen. Die Artischocken, Karotten, Zucchini und grünen Bohnen hineingeben und knapp gar kochen. Das Gemüse gut abtropfen lassen. Die Butter in einer Kasserolle oder Pfanne zerlassen. Den Lauch hineingeben und weich dünsten. Das gekochte Gemüse zugeben, mit Salz und Pfeffer abschmecken und 20 Minuten köcheln lassen. Die Tomate dazugeben und weitere 2 Minuten köcheln. Vom Herd nehmen und abkühlen lassen. Den Stracchino und die Hälfte des geriebenen Parmesans hinzufügen.
Den Ofen auf 180 °C vorheizen und 2 feuerfeste Auflaufformen ausbuttern. Den Pastateig auf einer sauberen Arbeitsfläche zu einer dünnen Platte ausrollen und in 10 cm große Vierecke schneiden. Einen großen Topf mit Salzwasser und Öl zum Kochen bringen und jeweils nur wenige Teigplatten hineingeben. Sobald sie aufschwimmen, mit einem Schaumlöffel aus dem Topf heben und auf einem sauberen Geschirrtuch oder Pergamentpapier (Backpapier) auslegen.
Einen Topf mit Wasser zum Kochen bringen.
Die Erbsen hineingeben und 5 Minuten kochen. Abgießen und in den Topf zurückgeben. Ein Stückchen Butter in einem kleinen Topf zerlassen und die Béchamelsauce hineinrühren.
Auf jedes Pastaviereck etwas Béchamelsauce, Käse und einen Teil der Gemüsemischung geben und aufrollen. In die feuerfesten Auflaufformen setzen. Die restliche Béchamelsauce und den geriebenen Parmesan darauf verteilen. 20 Minuten backen und heiß servieren.

CANNELLONI DI CARNE E FUNGHI
CANNELLONI MIT FLEISCH UND PILZEN

MÄSSIG SCHWIERIG

– Zubereitungszeit: *1 Stunde*
– Kochzeit: *1 Stunde*
– Kalorien p. P.: *1031–687*
– 4–6 Portionen

FÜR DIE CANNELLONI

– 20 g getrocknete Steinpilze (porcini)
– 200 ml Olivenöl
– 1 Karotte, klein gewürfelt
– 1 Sellleriestange, in dünne Ringe geschnitten
– 1 Zwiebel, fein gehackt
– 100 g Kalbshackfleisch
– ½ Hähnchenbrust, ohne Haut und Knochen, in kleine Stücke geschnitten
– 120 g Hühnerleber, in kleine Stücke geschnitten
– 1 Menge Frischei-Pasta (siehe Seite 17)
– 95 ml trockener Marsala
– 2 Eier, leicht geschlagen
– 40 g geriebener Parmesan
– 1 Prise Muskatnuss, gerieben
– Salz und Pfeffer

FÜR DIE SAUCE

– 475 ml Béchamelsauce (siehe Seite 87)
– 300 g Tomatenpüree
– 40 g geriebener Parmesan

Die getrockneten Steinpilze in lauwarmem Wasser einweichen und beiseitestellen.

Das Öl in einem großen Topf erhitzen. Karotte, Sellerie und Zwiebel zugeben und braten, bis sie leicht gebräunt sind. Kalbfleisch, Hühnerbrust, Hühnerleber und Steinpilze zugeben. Mit Salz und Pfeffer würzen und zugedeckt bei mittlerer Hitze 20 Minuten köcheln lassen. Den Ofen auf 180 °C vorheizen.

Den Pastateig auf einer sauberen Arbeitsfläche zu einer dünnen Platte ausrollen und in 10 cm große Vierecke schneiden.

Den Marsala zugießen und bei starker Hitze verdampfen lassen. Vom Herd nehmen. Die Mischung in den Mixer geben und pürieren. In eine Schüssel füllen und Eier, Parmesan und Muskatnuss hinzufügen. Mit Salz und Pfeffer würzen.

Einen großen Topf mit Salzwasser zum Kochen bringen. Die Teigplatten hineingeben und in 2–3 Minuten al dente kochen. Abgießen und zum Trocknen auf einem sauberen Geschirrtuch auslegen. Die vorbereitete Füllung auf den Pastavierecken verteilen und dann zu Röhren aufrollen.

Eine Schicht Béchamelsauce auf den Boden einer feuerfesten Auflaufform verteilen und die Cannelloni daraufsetzen. Das Tomatenpüree darübergießen, mit Parmesan bestreuen und etwa 30 Minuten backen. Vor dem Servieren 5 Minuten ruhen lassen.

CANNELLONI DI ORTAGGI ALLA SORRENTINA

SORRENTINISCHE GEMÜSE-CANNELLONI

EINFACH

- Zubereitungszeit: *1 Stunde + 1 Stunde Salzen*
- Kochzeit: *1 Stunde 20 Minuten*
- Kalorien p. P.: *395*
- 6 Portionen

ZUTATEN

- Butter zum Einfetten
- 1 große Aubergine
- 2 rote Paprikaschoten
- 1 Menge Frischei-Pasta (siehe Seite 17)
- 3 EL Öl
- 250 g Mozzarella
- frische Basilikumblätter
- 50 g geriebener Parmesan oder Pecorino
- 200 ml Tomatenpüree
- Salz und Pfeffer

Die Aubergine vorbereiten: in 6 Scheiben schneiden, in einen Durchschlag legen und mit Salz bestreuen, ein Gewicht darauflegen und 1 Stunde im Durchschlag abtropfen lassen.

Den Ofen auf 200 °C vorheizen und eine feuerfeste Auflaufform ausbuttern. Den Pastateig auf einer sauberen Arbeitsfläche zu einer dünnen Platte ausrollen und in 10 cm große Vierecke schneiden.

Die Paprikaschoten ca. 30 Minuten im Ofen rösten, nach 15 Minuten wenden. Aus dem Ofen nehmen und abkühlen lassen, dann die Haut abziehen, entkernen und in Streifen schneiden. Die gerösteten Paprikastreifen auf Küchenpapier trocknen lassen.

Den Ofen auf 180 °C herunterschalten.

Einen großen Topf mit Salzwasser und 1 EL Öl zum Kochen bringen und jeweils nur wenige Teigplatten hineingeben. Sobald sie aufschwimmen, mit einem Schaumlöffel aus dem Topf heben und auf einem sauberen Geschirrtuch oder Pergamentpapier (Backpapier) auslegen.

Den Mozzarella in Streifen schneiden, in einem Sieb abtropfen lassen und dann gründlich trocknen. 1 EL Öl in eine feuerfeste Auflaufform geben, die Auberginenscheiben hineinlegen und mit 1 EL Öl bestreichen. Backen, bis eine Seite goldbraun ist, dann wenden und die andere Seite Farbe annehmen lassen. Herausnehmen und beiseitestellen.

Die Auberginenscheiben, die gerösteten Paprikastreifen, den Mozzarella und Basilikum auf die Pastavierecke verteilen. Salzen, pfeffern und mit geriebenem Parmesan oder Pecorino bestreuen. Die Cannelloni aufrollen und in die vorbereitete Auflaufform geben. Mit Tomatenpüree beträufeln und 20 Minuten backen. Aus dem Ofen nehmen und vor dem Servieren 5–10 Minuten ruhen lassen.

CANNELLONI ALLA NAPOLETANA
CANNELLONI NACH NEAPOLITANISCHER ART

MÄSSIG SCHWIERIG

- Zubereitungszeit: *40 Minuten*
- Kochzeit: *1 Stunde 5 Minuten*
- Kalorien p. P.: *795*
- *4 Portionen*

ZUTATEN

- 3 EL Olivenöl, zusätzlich Öl zum Beträufeln
- 100 g italienische Würstchen, enthäutet und zerkrümelt
- 350 g Rinderhack
- 80 g neapolitanische oder andere Salami, enthäutet und fein geschnitten
- 2 Eier, hart gekocht und gehackt
- Butter zum Einfetten
- 1 Menge Frischei-Pasta (siehe Seite 17)
- 30 g geriebener Pecorino
- Salz und Pfeffer

2 EL Öl in einem großen gusseisernen Schmortopf erhitzen und italienische Würstchen, Rinderhack und Salami hineingeben. Mit ein wenig Salz und Pfeffer würzen und 30 Minuten bei schwacher Hitze – ggf. in kleinen Portionen – garen, bis die Mischung weich ist. Vom Herd nehmen und die hart gekochten Eier hinzufügen.

Den Ofen auf 180 °C vorheizen und eine feuerfeste Auflaufform ausbuttern. Den Pastateig auf einer sauberen Arbeitsfläche zu einer dünnen Platte ausrollen und in 10 cm große Vierecke schneiden.

Einen großen Topf mit Salzwasser und 1 EL Öl zum Kochen bringen und jeweils nur wenige Teigplatten hineingeben. Sobald sie aufschwimmen, mit einem Schaumlöffel aus dem Topf heben und auf einem sauberen Geschirrtuch oder Pergamentpapier (Backpapier) auslegen. Drei Viertel der Fleischfüllung auf die Pastavierecke verteilen und diese aufrollen.

Die Cannelloni in eine feuerfeste Auflaufform setzen und mit der restlichen Fleischmischung bedecken. Mit Pecorino bestreuen und mit wenig Öl beträufeln. Etwa 20 Minuten backen. Die oberste Schicht sollte nach dem Eindrücken mit einem Finger wieder zurückfedern. Vor dem Servieren 5 Minuten ruhen lassen.

CANNELLONI ALLA CREMA DI RADICCHIO

CANNELLONI MIT RADICCHIO

MÄSSIG SCHWIERIG

- Zubereitungszeit: *40 Minuten*
- Kochzeit: *50 Minuten*
- Kalorien p. P.: *622*
- *4 Portionen*

ZUTATEN

- 3 EL Öl
- 40 g Butter, zusätzlich Butter zum Einfetten
- 1 Schalotte, fein gehackt
- 150 g Hühnerbrust, in kleine Stücke geschnitten
- 400 g Radicchio, geschnitten und fein gehackt
- 1 Menge Frischei-Pasta (siehe Seite 17)
- 250 ml Béchamelsauce (siehe Seite 87)
- 150 g Fontina, in dünne Scheiben geschnitten
- 2 EL geriebener Parmesan
- Salz und Pfeffer

Den Ofen auf 200 °C vorheizen und eine feuerfeste Auflaufform ausbuttern. Den Pastateig auf einer sauberen Arbeitsfläche zu einer dünnen Platte ausrollen und in 10 cm große Vierecke schneiden.

2 EL Öl mit etwas Butter in einer Kasserolle oder Pfanne erhitzen, die Schalotte hineingeben und glasig dünsten. Die zerkleinerte Hühnerbrust zugeben, umrühren und mit Salz und Pfeffer würzen. Mit 2 EL heißem Wasser beträufeln und 5 Minuten sanft köcheln. Radicchio hinzugeben und 10 Minuten köcheln lassen, eventuell die Temperatur erhöhen, um überschüssige Feuchtigkeit verdampfen zu lassen.

Einen großen Topf mit Salzwasser und 1 EL Öl zum Kochen bringen und jeweils nur wenige Teigplatten hineingeben. Sobald sie aufschwimmen, mit einem Schaumlöffel aus dem Topf heben und auf einem sauberen Geschirrtuch oder Pergamentpapier (Backpapier) auslegen.

1 EL Béchamelsauce auf jedes Pastaviereck geben. Darauf eine dünne Scheibe Fontina legen, etwas von der Radicchiomischung darauf verteilen, dann aufrollen.

Die restliche Béchamelsauce in die vorbereitete Auflaufform gießen und die Cannelloni hineinsetzen. Mit Parmesan bestreuen. Etwa 20 Minuten backen. Aus dem Ofen nehmen und vor dem Servieren 5 Minuten ruhen lassen.

CANNELLONI AI CARCIOFI

CANNELLONI MIT ARTISCHOCKEN

EINFACH

- Zubereitungszeit: *30 Minuten*
- Kochzeit: *55 Minuten*
- Kalorien p. P.: *740*
- *4 Portionen*

ZUTATEN

- 1 Menge Frischei-Pasta (siehe Seite 17)
- 50 g Butter, zusätzlich Butter zum Einfetten
- 1 kleine Zwiebel, fein gehackt
- 1 Knoblauchzehe, fein gehackt
- 6 Artischocken, zurechtgeschnitten, zerteilt
- 2 EL Mehl (Type 550)
- 1 Prise Muskatnuss, frisch gerieben
- 200 ml Gemüsebrühe
- 1 EL frische glatte Petersilie, fein gehackt
- 1 Ei, leicht geschlagen
- 80 g geriebener Parmesan
- 1 EL Öl
- 475 ml Béchamelsauce (siehe Seite 87)
- Salz und Pfeffer

Den Ofen auf 200 °C vorheizen und eine feuerfeste Auflaufform ausbuttern. Den Pastateig auf einer sauberen Arbeitsfläche zu einer dünnen Platte ausrollen und in 10 cm große Vierecke schneiden.

Die Butter in einem großen, tiefen Topf zerlassen, die Zwiebel und den Knoblauch zugeben und dünsten. Die Artischocken und das Mehl zugeben, gut verrühren. Mit ein wenig Muskatnuss, Salz und Pfeffer würzen. Die Brühe in den Topf geben und etwa 20 Minuten köcheln lassen, dann die Petersilie zugeben. Das Ei, die Hälfte des geriebenen Parmesans und etwas Béchamelsauce unterrühren.

Einen großen Topf mit Salzwasser und Öl zum Kochen bringen und jeweils nur wenige Teigplatten hineingeben. Sobald sie aufschwimmen, mit einem Schaumlöffel aus dem Topf heben und auf einem sauberen Geschirrtuch oder Pergamentpapier (Backpapier) auslegen.

Die Artischockenmischung auf die Teigvierecke verteilen und diese aufrollen. Die 12 gefüllten Pastaröhren in die vorbereitete Auflaufform setzen. Die restliche Béchamelsauce darübergießen und mit dem geriebenen Parmesan bestreuen. Etwa 25 Minuten backen.

Tipp: Die Knoblauchzehe wird bekömmlicher, wenn Sie diese vor dem Hacken schälen, halbieren und den grünen Keim in der Mitte entfernen.

CANNELLONI AI FRUTTI DI MARE
CANNELLONI MIT MEERESFRÜCHTEN

ANSPRUCHSVOLL

- Zubereitungszeit: *30 Minuten + 30 Minuten Ruhezeit*
- Kochzeit: *1 Stunde*
- Kalorien p. P.: *370*
- 6–8 Portionen

ZUTATEN

- 175 ml Olivenöl, extra vergine, zum Braten
- 1 Schalotte, fein gehackt
- 400 g Kabeljaufilet, in dünne Scheiben geschnitten
- 2 EL trockener Weißwein
- 300 g rohe Garnelenschwänze, in dünne Scheiben geschnitten
- 1 Knoblauchzehe, zerdrückt
- 2 EL Weinbrand
- 200 g Ricotta
- 1 kleiner Bund frische glatte Petersilie, gehackt
- 2 Eigelb
- 40 g Mehl (Type 550)
- 475 ml heiße Fischbrühe
- ⅓ Menge Frischei-Pasta (siehe Seite 17)
- Salz und frisch gemahlener weißer Pfeffer

Den Ofen auf 180 °C vorheizen. 4 EL Öl in einer Kasserolle oder Pfanne erhitzen, die Schalotte hineingeben und glasig dünsten. Kabeljauscheiben zugeben und bei schwacher Hitze 3–4 Minuten dünsten, dann salzen und pfeffern. Den Weißwein zugießen und verdampfen lassen.

In einer anderen Kasserolle oder Pfanne 2 EL Öl erhitzen. Garnelenschwänze und Knoblauch hinzufügen und 1–2 Minuten köcheln lassen. Weinbrand zugießen, verdampfen lassen und den Herd ausschalten.

Den Kabeljau mit einer Gabel zerpflücken und mit dem Ricotta, 1 EL gehackter Petersilie, den Garnelenschwänzen und den Eigelben vermischen.

4 EL Öl in einem großen gusseisernen Schmortopf erhitzen, das Mehl zugeben und 2–3 Minuten unter ständigem Rühren anschwitzen. Die sehr heiße Brühe in dünnem Strahl zugießen und bei schwacher Hitze unter ständigem Rühren 7–8 Minuten kochen. Abschmecken eventuell nachsalzen. In einer feuerfesten Form (20 × 22 cm) eine dünne Schicht der Sauce verteilen.

Den Pastateig auf einer sauberen Arbeitsfläche zu einer dünnen Platte ausrollen und in 10 cm große Vierecke schneiden.

Einen großen Topf mit Salzwasser mit 1 EL Öl zum Kochen bringen. Jeweils nur wenige Teigplatten auf einmal kurz kochen, mit dem Schaumlöffel herausnehmen, abtropfen lassen und auf Backpapier trocknen lassen. Die Fischfüllung auf den Platten verteilen. Die Cannelloni aufrollen und in eine feuerfeste Auflaufform setzen. Mit der restlichen Sauce bedecken und etwa 30 Minuten im Ofen backen.

RAVIOLI

121	**RAVIOLI MIT RICOTTA**
122	**RAVIOLI MIT KÄSE**
125	**RAVIOLI MIT RICOTTA, ZUCCHINI UND THYMIAN**
126	**RAVIOLI MIT WALDPILZEN UND THYMIAN**
129	**RAVIOLI MIT AUBERGINEN UND TOMATEN**
130	**RAVIOLI MIT MAJORAN**
133	**RAVIOLI AUS DEM PIEMONT**
134	**TORTELLI MIT ARTISCHOCKEN UND KÄSE**
137	**TORTELLI MIT KÜRBIS**
138	**AGNOLOTTI AUS DEM PIEMONT**
141	**TORTELLI MIT RADICCHIO UND ROBIOLA**
142	**RAVIOLI MIT SEEBARSCH**
145	**AGNOLOTTI MIT SPINAT UND FLEISCH**
146	**RAVIOLI MIT WEISSEN TRÜFFELN**
149	**TORDELLI AUS LUCCA**
150	**RAVIOLI MIT ENTE**

SCHRITT 1

SCHRITT 2

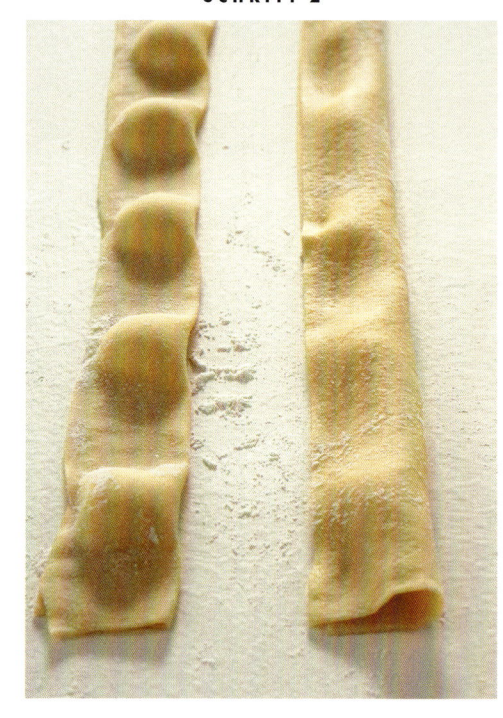

SCHRITT 3

SCHRITT 4

SO GEHT'S

RAVIOLI DI RICOTTA
RAVIOLI MIT RICOTTA

MÄSSIG SCHWIERIG

– Zubereitungszeit: *20 Minuten*
– Kochzeit: *3–4 Minuten*
– Kalorien p. P.: *560*
– *4 Portionen*

ZUTATEN

– 400 g Ricotta
– 100 g geriebener Parmesan guter Qualität
– 1 Ei
– abgeriebene Schale von ½ Zitrone
– 1 Prise frisch geriebene Muskatnuss
– ¾ Menge Frischei-Pasta (siehe Seite 17)
– 50 g Butter
– einige frische Salbeiblätter
– Salz und Pfeffer

SCHRITT 1
Den Ricotta mit dem Parmesan, Ei, Muskatnuss und der abgeriebenen Zitronenschale in eine Schüssel geben und mit Salz und Pfeffer abschmecken. Alles gut verrühren. Den Teig auf einer sauberen Arbeitsfläche zu einer dünnen Platte ausrollen (oder eine Pastamaschine verwenden) und mit einem glatten Teigrädchen daraus 6 cm breite Streifen schneiden. Jeweils mit einem Teelöffel etwas Füllung in einem Abstand von 7,5 cm auf einen Rand der Streifen setzen.

SCHRITT 2
Wenn alle Streifen mit Füllung besetzt sind, den Teig über die Füllung falten. Den Rand ringsum so mit den Fingern andrücken, dass es keine Lufteinschlüsse mehr gibt.

SCHRITT 3
Mit einem scharfen Messer oder einem Teigrädchen den Teig zwischen den Füllungen durchschneiden. Auf einer leicht bemehlten Arbeitsfläche auslegen, während Sie die restlichen Vorbereitungen erledigen.

SCHRITT 4
Einen großen Topf mit Salzwasser zum Kochen bringen. Die Ravioli hineingeben und 3–4 Minuten kochen, bis sie al dente sind. Unterdessen die Butter in einem kleinen Topf zerlassen und die Salbeiblätter zugeben. Die Ravioli gut abtropfen lassen, ein wenig Kochwasser zurückbehalten. Die Ravioli in eine Servierschüssel geben und die zerlassene Butter mit den Salbeiblättern darüberträufeln. Eventuell die Ravioli mit 2 EL des aufbewahrten Kochwassers befeuchten.

Tipp: Wenn sich die Teigränder nicht fest schließen lassen, mit ein wenig Wasser oder verquirltem Eigelb einpinseln.

RAVIOLI DI MAGRO
RAVIOLI MIT KÄSE

MÄSSIG SCHWIERIG

- Zubereitungszeit: *30 Minuten*
- Kochzeit: *20 Minuten*
- Kalorien p. P.: *812*
- *4 Portionen*

FÜR DIE RAVIOLI

- 350 g Fontina, mittelalt, halbfest
- 2 EL Milch
- 1 Prise frisch geriebene Muskatnuss
- 20 g frische glatte Petersilie, fein gehackt
- 50 g geriebener Parmesan
- ¾ Menge Frischei-Pasta (siehe Seite 17)

FÜR DIE SAUCE

- 60 g Butter
- 6 frische Salbeiblätter
- 50 g geriebener Parmesan
- Salz und Pfeffer

Für die Füllung die Rinde des Fontina wegschneiden und den Käse würfeln. Den Fontina in einer feuerfesten Schüssel im Wasserbad schmelzen. Die Milch nach und nach in kleinen Mengen dazurühren. Die Würfel mit der Unterseite eines Schöpflöffels oder dem Rücken eines Holzlöffels zerdrücken, bis eine glatte und cremige Masse entstanden ist.
1 Prise Muskatnuss, Petersilie und so viel Parmesan dazurühren, bis die Mischung eine weiche, aber nicht flüssige Konsistenz hat.

Den Teig in dünne Platten ausrollen, in Streifen teilen und 6 cm große Kreise ausschneiden. Jeweils in die Mitte ein wenig Füllung geben und eine Hälfte über die andere falten, sodass die Füllung umschlossen ist. Die Ränder mit den Fingern gut andrücken.

Für die Sauce die Butter mit den Salbeiblättern bei schwacher Hitze zerlassen. Mit Salz und Pfeffer abschmecken und warm stellen.

Einen großen Topf mit Salzwasser zum Kochen bringen. Die Ravioli hineingeben und 3–4 Minuten kochen, bis sie al dente sind. Gut abtropfen lassen und die Salbeibutter darübergießen. Mit Parmesan bestreuen und servieren.

RAVIOLI DI RICOTTA CON ZUCCHINE E TIMO

RAVIOLI MIT RICOTTA, ZUCCHINI UND THYMIAN

EINFACH

– Zubereitungszeit: *15 Minuten*
– Kochzeit: *20 Minuten*
– Kalorien p. P.: *740*
– *4 Portionen*

ZUTATEN

– 40 g Butter
– 2 Zucchini, gewürfelt
– 1 EL Thymianblätter, gehackt
– 3 EL Crème double
– 1 Menge ungekochte Ravioli mit Ricotta (siehe Seite 121)
– Salz

In einem Topf die Butter bei schwacher Hitze zerlassen, ohne sie braun werden zu lassen, dann die Zucchini dazugeben. Einige Minuten köcheln lassen. Den Thymian zugeben, mit Salz und Pfeffer abschmecken und weitere 4–5 Minuten garen. Crème double zugeben, umrühren und weitere 2–3 Minuten garen.

Einen großen Topf mit Salzwasser zum Kochen bringen. Die Pasta hineingeben und 3–4 Minuten kochen, bis sie al dente ist. Gut abtropfen lassen und vorsichtig unter die die Zucchini-Mischung rühren, sodass die Ravioli ganz bleiben. In eine Schüssel geben und servieren.

Tipp: Sie können den Geschmack des Gerichts durch Zugabe einer Mischung aus 1 TL fein gehackten Kapern und 1 TL abgeriebener Zitronenschale variieren (die Kapern gut mit Wasser abspülen, wenn sie in Salz eingelegt sind).

RAVIOLI DI GALLINACCI AL TIMO
RAVIOLI MIT WALDPILZEN UND THYMIAN

MÄSSIG SCHWIERIG

– Zubereitungszeit: *1 Stunde 15 Minuten*
  + 1 Stunde Ruhezeit
– Kochzeit: *35 Minuten*
– Kalorien p. P.: *1060*
– 2 Portionen

FÜR DIE PASTA

– 300 g Mehl (Type 550)
– 1 Ei und 2 Eigelb
– Olivenöl
– Salz

FÜR DIE FÜLLUNG

– 2 EL Olivenöl
– 1 Zwiebel, fein gehackt
– 1 Knoblauchzehe, fein gehackt
– etwas frischer Thymian
– 500 g Waldpilze, geputzt und klein geschnitten
– 50 g geriebener Parmesan
– Salz und Pfeffer

FÜR DIE SAUCE

– 50 g Butter
– 1 EL frischer Thymian
– geriebener Parmesan

Das Mehl auf eine saubere Arbeitsfläche sieben, eine Vertiefung in die Mitte drücken und das Ei, Eigelbe, Öl und 1 Prise Salz hineingeben. Nach und nach die flüssigen Zutaten in das Mehl einarbeiten und alles zu einem glatten, elastischen Teig kneten. In Frischhaltefolie wickeln und 1 Stunde ruhen lassen.

Für die Füllung das Öl in einem Topf erhitzen. Zwiebel und Knoblauch zugeben und weichdünsten. Den Thymian und die Pilze hinzufügen. Mit ein wenig Salz abschmecken und 20 Minuten köcheln lassen. Vom Herd nehmen und die Mischung abkühlen lassen, dann im Mixer kurz pürieren. In eine Schüssel geben, den geriebenen Parmesan dazurühren und mit Salz und Pfeffer würzen.

Den Teig zu einer Platte ausrollen und 8 cm breite Rechtecke ausschneiden. Diese mit leicht geschlagenem Ei bestreichen und auf jedes in die Mitte ein wenig Füllung geben. Eine Hälfte des Rechtecks über die andere schlagen, dabei die Füllung einschließen. Die Ränder sorgfältig zusammendrücken.

Einen großen Topf mit Salzwasser zum Kochen bringen. Die Ravioli hineingeben und 3–4 Minuten kochen, bis sie al dente sind. Gut abtropfen lassen. Die Butter in einem Topf zerlassen und die Thymianblätter hineingeben. Dann die Ravioli dazurühren und vorsichtig mit der Butter vermischen. Mit geriebenem Parmesan servieren.

RAVIOLI DI MELANZANE AL BURRO

RAVIOLI MIT AUBERGINEN UND TOMATEN

MÄSSIG SCHWIERIG

- Zubereitungszeit: *1 Stunde
+ 30 Minuten Ruhezeit*
- Kochzeit: *1 Stunde 15 Minuten*
- Kalorien p. P.: *450*
- *4 Portionen*

FÜR DIE PASTA

- 300 g Mehl (Type 550)
- 3 Eier
- Salz

FÜR DIE FÜLLUNG

- 500 g Aubergine
- 2 EL Olivenöl
- 3 EL Butter
- 1 Zwiebel, fein gehackt
- 2 Knoblauchzehen, fein gehackt
- 200 g reife Tomaten, blanchiert, enthäutet und fein gehackt
- frische Basilikumblätter, fein gehackt
- geriebener Parmesan (für die Füllung und zum Servieren)
- Salz

Den Ofen auf 200 °C vorheizen. Die Aubergine in Scheiben schneiden und in einen Durchschlag geben. Mit Salz bestreuen und 30 Minuten abtropfen lassen. Die Scheiben abbrausen und etwa 30 Minuten backen, bis sie trocken sind. Die Haut abziehen und das Fleisch fein hacken.

Das Mehl auf eine saubere Arbeitsfläche zu einem Kegel sieben, eine Vertiefung in die Mitte drücken. Die Eier und 1 Prise Salz hineingeben und nach und nach in das Mehl einarbeiten. So lange kneten, bis der Teig glatt und elastisch ist. In Frischhaltefolie wickeln und 30 Minuten ruhen lassen.

Für die Füllung in einem Topf das Öl und 1 EL Butter erhitzen. Die Zwiebel und den Knoblauch hineingeben und dünsten, bis sie weich sind. Tomaten zugeben und 15 Minuten köcheln lassen. Die Aubergine hinzufügen, die Temperatur reduzieren und köcheln lassen, bis die Mischung gut eingedickt und nicht zu feucht ist. Vom Herd nehmen und den Basilikum und den geriebenen Parmesan einrühren.

Den Teig zu einer dünnen Platte ausrollen. Kleine, gleichmäßig verteilte Häufchen der Füllung in Reihen auf eine Hälfte der Platte setzen. Die andere Hälfte über die Füllung falten. Den Teig rings um die Häufchen andrücken und zu Ravioli schneiden. Einen großen Topf mit Salzwasser zum Kochen bringen. Die Ravioli hineingeben und 3–4 Minuten kochen, bis sie al dente sind. Gut abtropfen lassen, dann in eine Kasserolle oder Pfanne geben und vorsichtig mit 2 EL Butter und dem restlichen geriebenen Parmesan vermischen.

Tipp: Wenn keine frischen, aromatischen Tomaten zur Hand sind, stattdessen 5–6 sonnengetrocknete Tomaten verwenden. Die getrockneten Tomaten 10 Minuten in lauwarmem Wasser einweichen, fein hacken und zur Füllung geben.

RAVIOLI ALLA MAGGIORANA
RAVIOLI MIT MAJORAN

MÄSSIG SCHWIERIG

– Zubereitungszeit: *1 Stunde*
  + 30 Minuten Ruhezeit
– Kochzeit: *10 Minuten*
– Kalorien p. P.: *502*
– *6 Portionen*

FÜR DIE PASTA

– 350 g Mehl (Type 550)
– 3 Eigelb
– 4 EL trockener Weißwein
– Salz

FÜR DIE FÜLLUNG

– 200 g Ricotta
– 1 Ei, leicht geschlagen
– 50 g geriebener Parmesan
– Prise Zimt
– 50 g Majoranblätter, gehackt
– Salz und Pfeffer

FÜR DIE SAUCE

– 100 g Butter
– 50 g feiner Zucker
– 20 g Majoranblätter, fein gehackt
– Prise Zimt

Das Mehl auf eine saubere Arbeitsfläche zu einem Kegel sieben, eine Vertiefung in die Mitte drücken und Eigelbe, Wein und 1 Prise Salz zugeben. Nach und nach in das Mehl einarbeiten und alles zu einem glatten, elastischen Teig kneten. In Frischhaltefolie wickeln und 30 Minuten ruhen lassen.

Alle Zutaten für die Füllung in einer Schüssel verrühren und im Kühlschrank kühl stellen.

Den Pastateig zu einer dünnen Platte ausrollen und in gleichen Abständen kleine Häufchen der Füllung daraufsetzen. Die andere Teighälfte darüberfalten. Den Teig rings um die Füllung gut andrücken. Zu Ravioli schneiden und die Ränder fest zusammendrücken.

Für die Sauce die Butter in einer Pfanne zerlassen und Zucker und Zimt hineinrühren.

Einen großen Topf mit Salzwasser zum Kochen bringen. Die Ravioli hineingeben und 3–4 Minuten kochen, bis sie al dente sind. Gut abtropfen lassen und zur Zimtbutter geben. Vom Herd nehmen und mit Majoran bestreut servieren.

Tipp: Über die angerichteten Ravioli großzügig Pfeffer mahlen, um einen pikanten Kontrast zur süßen Zimtbutter zu schaffen.

RAVIOLI DEL PLIN
RAVIOLI AUS DEM PIEMONT

ANSPRUCHSVOLL

- Zubereitungszeit: *20 Minuten*
- Kochzeit: *20 Minuten*
- Kalorien p. P.: *460*
- *4 Portionen*

ZUTATEN

- 250 g Endivie
- 200 g gebratenes Fleisch (Kalb, Kaninchen, Schwein), evtl. etwas Bratensaft (falls vorhanden).
- 2 Eier, leicht geschlagen
- 80 g geriebener Parmesan
- 1 Prise frisch geriebene Muskatnuss
- 300 g Frischei-Pasta (siehe Seite 17)
- 40 g Butter
- frische Salbeiblätter zum Garnieren
- Salz

Die Endivie schneiden und abbrausen. Nur leicht abtropfen lassen und in einen Topf geben. 5 Minuten kochen, bis sie zusammenfällt und weich ist. Abkühlen lassen, sorgfältig ausdrücken und fein hacken. Das gebratene Fleisch sehr fein schneiden oder durchdrehen, und mit der Endivie, den Eiern, der Hälfte des Parmesans, 1 Prise Salz und etwas geriebener Muskatnuss vermischen.

Den Teig auf einer sauberen Arbeitsfläche zu einer dünnen Platte ausrollen und mit einem gewellten Teigrädchen in 4 cm breite Streifen schneiden. Auf jede Streifenhälfte in die Mitte gleichmäßig verteilte Häufchen der Füllung setzen. Die leere Hälfte über die Füllung falten, sodass die zwei Plattenhälften aufeinander kleben.

Den Teig rund um die Füllung gut festdrücken und mit einem Teigrädchen Ravioli ausschneiden. Einen großen Topf mit Salzwasser zum Kochen bringen. Die Ravioli hineingeben und in 3–4 Minuten al dente kochen. Inzwischen die Butter zerlassen und die Salbeiblätter zugeben. Die Ravioli abtropfen lassen und mit der Salbeibutter beträufeln. Mit dem restlichen Parmesan bestreuen oder den Bratensaft darübergießen.

Tipp: Wenn der Teig sehr trocken ist und beim Formen der Ravioli nicht aneinander haftet, mit etwas kaltem Wasser bestreichen.

TORTELLI DI CARCIOFI E FORMAGGIO

TORTELLI MIT ARTISCHOCKEN UND KÄSE

MÄSSIG SCHWIERIG

- Zubereitungszeit: *1 Stunde 20 Minuten*
- Kochzeit: *40 Minuten*
- Kalorien p. P.: *491*
- 6 Portionen

FÜR DIE TORTELLI

- 60 g Butter
- 6 Baby-Artischocken
- 1 Zwiebel, in dünne Scheiben geschnitten
- 30 g Mehl (Type 550)
- 475 ml Milch
- 3 Eier, leicht geschlagen
- 30 g geriebener Parmesan
- 1 Menge Frischei-Pasta (siehe Seite 17)
- Salz

FÜR DIE SAUCE

- 40 g Butter, zerlassen
- 40 g geriebener Parmesan

Für die Füllung die Hälfte der Butter in einem Topf zerlassen, dann die Artischocken, die Zwiebel und 2 EL Wasser hineingeben. 20 Minuten köcheln lassen und vom Herd nehmen. Wenn die Artischocken sehr zart sind, sehr fein hacken.

Die andere Hälfte der Butter in einem kleinen Topf zerlassen, das Mehl dazugeben und schnell verrühren, bis es eine bräunliche Farbe annimmt. Die Milch nach und nach in kleinen Mengen zugeben. Unter ständigem Rühren 10 Minuten köcheln lassen. Wenn die Sauce fertig ist, mit den Artischocken vermischen. Vom Herd nehmen und die Eier und den Parmesan dazurühren. Mit Salz würzen.

Den Teig dünn ausrollen. Auf den Teig in gleichmäßigen Abständen eine Reihe kleiner Häufchen der Füllung setzen. Die andere Hälfte darüberfalten und den Teig zwischen den Häufchen andrücken, dabei die Luft vollständig herausdrücken, zwischen der Füllung schneiden. Die Ränder gut festdrücken. Fortfahren, bis der Teig und die Füllung aufgebraucht sind.

Einen großen Topf mit Salzwasser zum Kochen bringen. Die Tortelli hineingeben und in 3–4 Minuten al dente kochen. Gut abtropfen lassen und die zerlassene Butter darübergießen. Mit Parmesan bestreut servieren.

TORTELLI DI ZUCCA
TORTELLI MIT KÜRBIS

ANSPRUCHSVOLL

- Zubereitungszeit: *40 Minuten* + *2 Stunden Kühlen*
- Kochzeit: *1 Stunde*
- Kalorien p. P.: *875*
- *6 Portionen*

ZUTATEN

- 1 kg Kürbis (Butternusskürbis)
- 100 g Amaretti, fein gemahlen
- 160–200 g Mostarda di Mantova, gehackt
- 200 g geriebener Parmesan
- abgeriebene Schale einer Zitrone
- 1 Prise frisch geriebene Muskatnuss
- 2 Eier, leicht geschlagen
- frische Semmelbrösel, bei Bedarf
- ⅔ Menge Frischei-Pasta (siehe Seite 17)
- Salz und Pfeffer
- 40 g Butter, zerlassen
- geriebener Parmesan

Den Ofen auf 180 °C vorheizen. Den Kürbis in eine feuerfeste Form geben und salzen. Zugedeckt etwa 40 Minuten backen, bis er weich ist. Aus dem Ofen nehmen und in einer Schüssel zu einem Brei zerdrücken. Die Amaretti, die gehackten Mostarda, den geriebenen Parmesan, ein wenig abgeriebene Zitronenschale und Muskatnuss zugeben. Nach und nach die verquirlten Eier unterrühren, sodass eine feste Füllung entsteht. Mit Salz und Pfeffer abschmecken. Alles gut vermischen und zugedeckt im Kühlschrank 2 Stunden kalt stellen. Wenn die Mischung aus dem Kühlschrank kommt, sollte sie fest sein. Wenn dies nicht der Fall ist, ein wenig Semmelbrösel zugeben.

Den Pastateig zu einer dünnen Platte ausrollen. Die Füllung mit einem Spritzbeutel in einer Reihe in kleinen, gleichmäßig verteilten Häufchen auf eine Hälfte der Teigplatte setzen. Den Teig rund um die Füllungen anfeuchten. Die andere Teighälfte über die Füllungen schlagen und zwischen den Füllungen andrücken. Die Tortelli mit einem runden, kannelierten Förmchen ausstechen und die Ränder fest zusammendrücken.

Einen großen Topf mit Salzwasser zum Kochen bringen. Die Tortelli hineingeben und in 3–4 Minuten al dente kochen. Gut abtropfen lassen, mit zerlassener Butter und geriebenem Parmesan servieren.

Tipp: Mostarda di Mantova sind in Mostardsirup (eine Mischung aus Läuterzucker und Senföl) eingelegte kandierte Früchte, zum Beispiel Äpfel oder Birnen. Der Geschmack ist süß-scharf. Erhältlich sind die Früchte in italienischen Feinkostgeschäften oder im Internet.

AGNOLOTTI ALLA PIEMONTESE
AGNOLOTTI AUS DEM PIEMONT

ANSPRUCHSVOLL

– Zubereitungszeit: *1 Stunde*
– Kochzeit: *2 Stunden*
– Kalorien p. P.: *1213*
– *6 Portionen*

ZUTATEN

– 1 EL Erdnussöl
– 500 g Kalbfleisch
– 400 g Schweinefleisch
– 2 Kaninchenschenkel
– 2 EL Olivenöl
– 1 Zwiebel, gehackt
– 1 Knoblauchzehe, zerdrückt
– 475 ml Hühnerbrühe, heiß
– 100 ml trockener Weißwein,
– 1 Bouquet garni
– 4 Salbeiblätter
– 1 Zweiglein Rosmarin
– 400 g roher Spinat
– 300 g geriebener Parmesan
– 3–4 Eier
– 1 Prise frisch geriebene Muskatnuss
– ¾ Menge Frischei-Pasta (siehe Seite 17)
– Salz und Pfeffer

Das Erdnussöl in einer Kasserolle oder Pfanne erhitzen. Kalb- und Schweinefleisch sowie die Kaninchenschenkel portionsweise anbraten, bis alles angebräunt ist. Das Fleisch auf einen Teller geben und beiseitestellen. In der gleichen Pfanne bei mittlerer Temperatur das Olivenöl erhitzen. Die Zwiebel und den Knoblauch hineingeben und dünsten, bis die Zwiebeln weich sind. Ein wenig Brühe hinzufügen, salzen und 10–15 Minuten köcheln lassen. Das Fleisch zugeben, die Hitze erhöhen und den Wein zugießen. Das Bouquet garni (Kräutersträußlein aus Lorbeer, Salbei und Rosmarin) auf das Fleisch legen. Salzen und 20 Minuten garen. Die heiße Brühe zugießen, Deckel auflegen und alles etwa 1 Stunde schmoren lassen, bis sich das Kaninchenfleisch vom Knochen löst.

Das Fleisch im Bratensaft abkühlen lassen, dann das Kaninchen entbeinen und das gesamte Fleisch in kleine Stücke schneiden. Das Bouquet garni und den Knoblauch entfernen, den Spinat zugeben und bei schwacher Hitze köcheln lassen. Den Spinat gut abtropfen lassen und fein hacken. Das Fleisch und den Spinat in eine Schüssel geben, zwei Drittel des Parmesans zugeben und die Eier dazurühren. Mit Salz, Pfeffer und Muskatnuss würzen.

Den Pastateig dünn ausrollen und kleine Häufchen der Füllung in nicht zu kleinen gleichen Abständen in Reihen darauf verteilen. Den Teig über die Füllungen falten und dazwischen andrücken. Die Agnolotti mit einem Teigrädchen in 4 cm große Quadrate schneiden und die Ränder fest zusammendrücken.

Einen großen Topf mit Salzwasser zum Kochen bringen. Die Agnolotti hineingeben und in 3–4 Minuten al dente kochen. Gut abtropfen lassen und in eine Servierschüssel füllen. Den heißen Bratensaft und den restlichen geriebenen Parmesan darübergeben.

TORTELLI DI RADICCHIO E ROBIOLA

TORTELLI MIT RADICCHIO UND ROBIOLA

MÄSSIG SCHWIERIG

- Zubereitungszeit: *30 Minuten + 1 Stunde Ruhezeit*
- Kochzeit: *18 Minuten*
- Kalorien p. P.: *610*
- *4 Portionen*

FÜR DIE PASTA

- 300 g Mehl (Type 550)
- 2 Eier
- 2 EL trockener Weißwein
- Salz

FÜR DIE FÜLLUNG

- 2 EL Olivenöl
- 250 g Radicchio, in sehr dünne Streifen geschnitten
- 200 g Robiola
- 20 g geriebener Parmesan
- Salz und Pfeffer

FÜR DIE SAUCE

- 40 g Butter
- 1 TL Thymianblätter

Das Mehl auf eine saubere Arbeitsfläche zu einem Kegel sieben, eine Vertiefung in die Mitte drücken und die Eier, den Wein und 1 Prise Salz hineingeben. Alles nach und nach in das Mehl einarbeiten und zu einem glatten, elastischen Teig kneten. In Frischhaltefolie wickeln und 1 Stunde ruhen lassen.

Das Öl in einem großen Topf erhitzen. Radicchio-Streifen hineingeben und dünsten, bis sie zusammenfallen. Mit ein wenig Salz würzen und zum Abkühlen beiseitestellen. In einer Schüssel den Robiola rühren, bis er cremig ist und einige EL geriebenem Parmesan hinzufügen. Mit Salz und Pfeffer abschmecken.

Den Pastateig zu einer dünnen Platte ausrollen und große Kreise ausschneiden. Dazu einen kannelierten Ausstecher verwenden. In die Mitte eines jeden Kreises ein wenig Füllung geben, zusammenfalten und die Ränder gut andrücken. Die Butter zerlassen, die Thymianblätter zugeben und warm stellen.

Einen großen Topf mit Salzwasser zum Kochen bringen. Die Tortelli hineingeben und in 3–4 Minuten al dente kochen. Abgießen und mit der Butter und dem Thymian anrichten. Sehr heiß servieren.

RAVIOLI DI BRANZINO
RAVIOLI MIT SEEBARSCH

MÄSSIG SCHWIERIG

– Zubereitungszeit: *25 Minuten
+ 30 Minuten Ruhezeit*
– Kochzeit: *20 Minuten*
– Kalorien p. P.: *610*
– *4 Portionen*

FÜR DIE PASTA

– 350 g Mehl („00")
– 150 g Hartweizengrieß
– 3 Eier und 4 Eigelb

FÜR DIE FÜLLUNG

– 700 g Seebarschfilet, enthäutet
– Olivenöl zum Braten
– Saft einer Zitrone
– 40 g Mascarpone
– 1 EL Schnittlauch, fein geschnitten
– Salz und Pfeffer

FÜR DIE SAUCE

– 90 g Butter
– frischer Schnittlauch, grob geschnitten

Beide Mehltypen in eine große Schüssel oder auf eine saubere Arbeitsfläche sieben, eine Vertiefung in die Mitte drücken und die Eier und die Eigelbe zugeben. Nach und nach in das Mehl einarbeiten und alles zu einem glatten, elastischen Teig kneten. In Frischhaltefolie wickeln und 30 Minuten ruhen lassen.

Die Seebarschfilets in kleine Stücke schneiden. Etwas Öl in einem Topf erhitzen und den Fisch hineingeben, salzen und pfeffern. 10 Minuten dünsten. Vom Herd nehmen und abkühlen lassen. Dann den Zitronensaft, Mascarpone und Schnittlauch zugeben. Alles sorgfältig verrühren.

Den Pastateig zu einer dünnen Platte ausrollen und auf eine Hälfte gleichmäßig verteilte kleine Häufchen der Füllung setzen. Die andere Teighälfte darüberfalten und rund um die Füllung den Teig andrücken. Mit einem Teigrädchen zwischen den Füllungen den Teig zu Ravioli ausschneiden.

Einen großen Topf mit Salzwasser zum Kochen bringen. Die Ravioli hineingeben und in 3–4 Minuten al dente kochen. Gut abtropfen lassen und in einer Pfanne mit Butter sanft erhitzen und mit Schnittlauch bestreut servieren.

AGNOLOTTI DI SPINACI E BRASATO
AGNOLOTTI MIT SPINAT UND FLEISCH

MÄSSIG SCHWIERIG

– Zubereitungszeit: *40 Minuten*
– *Kochzeit: 25 Minuten*
– *Kalorien p. P.: 1185*
– *4 Portionen*

ZUTATEN

– 250 g Spinat
– 400 g Braten, fein geschnitten (Bratensaft aufbewahren)
– 1 Ei und 2 Eigelb
– 50 g geriebener Parmesan (+ etwas Parmesan zum Garnieren)
– 150 g Schinken, fein geschnitten
– 1 Menge Frischei-Pasta (siehe Seite 17)
– Salz und Pfeffer
– zerlassene Butter (wenn gewünscht)

Für die Füllung einen Topf mit Wasser zum Kochen bringen, den Spinat hineingeben und so lange kochen, bis er zusammenfällt. Herausnehmen, gut abtropfen lassen und überschüssige Flüssigkeit gründlich ausdrücken. Sehr fein hacken.

In einer Schüssel den Spinat und den Braten mit den Eigelben, dem ganzen Ei, dem geriebenen Parmesan und dem Schinken vermischen. Mit Salz und Pfeffer abschmecken. Wenn die Mischung zu trocken ist, einige EL Bratensaft zugeben.

Den Pastateig auf einer sauberen Arbeitsfläche zu einer dünnen Platte ausrollen und mit einem glatten Teigrädchen daraus 7,5 cm breite Streifen schneiden. Gleichmäßig verteilt kleine Häufchen der Füllung auf die eine Hälfte der Streifen setzen und die leere Teighälfte darüberfalten. Den Teig rund um die Füllung gut andrücken. Mit einem gewellten Teigrädchen viereckige Agnolotti ausschneiden und die Ränder fest zusammendrücken.

Einen großen Topf mit Salzwasser zum Kochen bringen. Die Pasta hineingeben und in 3–4 Minuten al dente kochen. Gut abtropfen lassen und in eine Servierschüssel geben. Mit Parmesan bestreuen und mit Bratensaft oder zerlassener Butter beträufeln. Servieren.

RAVIOLI AL TARTUFO BIANCO
RAVIOLI MIT WEISSEN TRÜFFELN

MÄSSIG SCHWIERIG

– Zubereitungszeit: *20 Minuten*
– Kochzeit: *8 Minuten*
– Kalorien p. P.: *475*
– *4 Portionen*

FÜR DIE RAVIOLI

– 350 g Ricotta
– 60 g geriebener Parmesan
– 2 Prisen geriebene Muskatnuss
– 1 Ei
– 1 Menge Frischei-Pasta (siehe Seite 17)
– Salz und Pfeffer

FÜR DIE SAUCE

– 80 g Butter
– 1 ganzer weißer Trüffel, gesäubert

Den Ricotta durch ein Sieb in eine große Schüssel streichen und mit dem geriebenen Parmesan, Muskatnuss und Ei vermischen. Mit Salz und Pfeffer abschmecken.

Den Pastateig zu einer dünnen Platte ausrollen und auf eine Hälfte gleichmäßig verteilt kleine Häufchen der Füllung setzen. Die andere Teighälfte darüberfalten und rund um die Füllung den Teig andrücken. Zwischen den Füllungen den Teig zu Ravioli ausschneiden und die Ränder gut andrücken.

Für die Sauce die Butter bei schwacher Hitze zerlassen. Einen großen Topf mit Salzwasser zum Kochen bringen. Die Ravioli hineingeben und in 3–4 Minuten al dente kochen. Gut abtropfen lassen und die Butter sowie den hauchdünn gehobelten Trüffel darübergeben.

TORDELLI ALLA LUCCHESE
TORDELLI AUS LUCCA

MÄSSIG SCHWIERIG

– Zubereitungszeit: *40 Minuten*
– Kochzeit: *30 Minuten*
– Kalorien p. P.: *790*
– *4 Portionen*

FÜR DIE TORDELLI

– 2 EL Olivenöl
– einige Thymianblätter
– 150 g Rinderhackfleisch
– 150 g Schweinehackfleisch
– 50 g Mortadella, klein geschnitten
– 2 Eier
– 40 g geriebener Parmesan
– 40 g geriebener Pecorino
– frisch Brotwürfel, in Wasser eingeweicht und vollständig ausgedrückt
– frische glatte Petersilie, gehackt
– 1 Prise frisch geriebene Muskatnuss
– 1 ½ Mengen Frischei-Pasta (siehe Seite 17)
– Salz und Pfeffer

FÜR DIE SAUCE

– 50 g Butter
– frische Salbeiblätter

Das Öl in einem Topf mit einigen Thymianblättern zur Aromatisierung erhitzen. Rinder- und Schweinehackfleisch hineingeben und etwa 10 Minuten braten.

Vom Herd nehmen und abkühlen lassen. Das Hackfleisch, die Mortadella, die Eier, 2 EL geriebenem Parmesan und 1 EL geriebenem Pecorino, die Brotwürfel, die Petersilie und eine Prise Muskatnuss vermischen. Gut verkneten und mit Salz und Pfeffer abschmecken.

Den Pastateig zu einer dünnen Platte ausrollen und Kreise mit einem Durchmesser von 8 cm ausschneiden. In die Mitte eines jeden Kreises ein wenig Füllung geben, zusammenfalten und die Ränder gut andrücken. Die Butter bei schwacher Hitze zerlassen und mit den zugefügten Salbeiblättern warm halten.

Einen großen Topf mit Salzwasser zum Kochen bringen. Die Pasta hineingeben und in 3–4 Minuten al dente kochen. Gut abtropfen lassen und die zerlassene Salbeibutter darübergießen. Mit dem restlichen Pecorino und Parmesan bestreuen und servieren.

RAVIOLI D'ANATRA
RAVIOLI MIT ENTE

ANSPRUCHSVOLL

- Zubereitungszeit: *40 Minuten*
- Kochzeit: *1 Stunde 10 Minuten*
- Kalorien p. P.: *1178*
- *4 Portionen*

FÜR DIE RAVIOLI

- 2 Entenbrüste
- 2 Entenkeulen
- 1 Zweiglein frischer Rosmarin
- 2 frische Salbeiblätter
- 2 Lorbeerblätter
- 1 EL Butter
- 2 EL Olivenöl
- Weinbrand
- 20 g frische Semmelbrösel
- 100 g Parmaschinken, fein geschnitten
- 1 Ei, leicht geschlagen
- geriebener Parmesan
- 1 Prise frisch geriebene Muskatnuss
- 1 Menge Frischei-Pasta (siehe Seite 17)
- Salz und Pfeffer

FÜR DIE SAUCE

- 1 EL Butter
- 4–6 EL Fleischbrühe
- abgeriebene Orangenschale
- geriebener Parmesan zum Servieren

Den Ofen auf 200 °C vorheizen.

Die Entenbrüste und -keulen mit Salz und Pfeffer würzen. Mit Rosmarin, Salbei, Lorbeer, Butter und Öl in eine feuerfeste Form geben, etwa 20 Minuten im Ofen garen. Dann die Entenbrüste herausnehmen und die Keulen weitere 40 Minuten garen. Gelegentlich mit ein wenig Weinbrand beträufeln.

Wenn das Fleisch gar ist, das Fett abschöpfen und den Bratensaft beiseitestellen. Das Fleisch enthäuten, von den Knochen lösen und klein schneiden. In eine Schüssel geben und mit den Semmelbröseln, dem Parmaschinken, dem Ei, dem geriebenen Parmesan und Muskatnuss vermischen. Alles sorgfältig verrühren.

Den Pastateig zu einer dünnen Platte ausrollen und gleichmäßig verteilt kleine Häufchen der Füllung auf eine Hälfte setzen. Die leere Hälfte der Teigplatte darüberfalten und den Teig um die Füllung herum mit den Fingern gut andrücken. Mit einem 7,5-cm-Ausstecher mit kanneliertem Rand runde Ravioli ausstechen, und die Ränder fest zusammendrücken.

In einem Topf die Butter, die Fleischbrühe, den Bratensaft und abgeriebene Orangenschale erhitzen.

Einen großen Topf mit Salzwasser zum Kochen bringen. Die Ravioli hineingeben und 3–4 Minuten kochen, bis sie al dente sind. Gut abtropfen lassen und mit dem Bratensaft mit Orangenaroma und reichlich geriebenem Parmesan vermischen.

TORTELLINI

155	**TORTELLINI**
156	**TORTELLONI IN HÜHNERBRÜHE**
159	**TORTELLINI MIT KÄSE**
160	**CAPPELLETTI IN DER BRÜHE**
163	**CAPPELLACCI MIT KÜRBIS**
164	**ANOLINI AUS PARMA**
167	**FAGOTTINI MIT KÜRBIS**
168	**FAGOTTINI MIT SPARGELSPITZEN UND KÄSE**
171	**PANSOTTI AUS GENUA**
172	**TORTELLINI MIT PESTO UND CALAMARI**

SCHRITT 1

SCHRITT 2

SCHRITT 3

SCHRITT 4

SO GEHT'S

TORTELLINI

TORTELLINI

ANSPRUCHSVOLL

– Zubereitungszeit: *1 Stunde + 30 Minuten Ruhezeit und 24 Stunden Kühlen*
– Kochzeit: *40 Minuten*
– Kalorien p. P.: *450*
– *4 Portionen*

ZUTATEN

– 1 Zweig frischer Rosmarin
– 1 Knoblauchzehe
– 20 g Butter
– 100 g Schweinefilet, gewürfelt
– 100 g Parmaschinken, klein geschnitten
– 100 g Mortadella, klein geschnitten
– 100 g geriebener Parmesan zusätzlich etwas Parmesan zum Bestreuen
– ⅔ Menge Frischei-Pasta (siehe Seite 17)
– 1 Prise frisch geriebene Muskatnuss
– 1 Ei, leicht geschlagen
– heiße Rinderbrühe, zum Servieren

SCHRITT 1

Rosmarinnadeln und Knoblauch fein hacken und in der Butter leicht anschwitzen. Das Schweinefilet und eine Prise Salz zugeben, zugedeckt bei schwacher Hitze etwa 30 Minuten köcheln lassen. Das Fleisch herausnehmen, abtropfen und vollständig abkühlen lassen. Dann in kleine Stücke schneiden. In eine Schüssel geben, mit Parmaschinken, Mortadella, Parmesan, Muskatnuss und Ei vermischen, mit Salz und Pfeffer abschmecken und 24 Stunden im Kühlschrank kühlen. Den Pastateig auf einer sauberen Arbeitsfläche dünn ausrollen und mit einem kannelierten Teigrädchen 4 cm große Quadrate ausschneiden. Jeweils ein wenig Füllung in die Mitte setzen.

SCHRITT 2

Die Teigvierecke hälftig zu Dreiecken falten, die Ränder andrücken, und so auf der Arbeitsfläche anordnen, dass die Füllung oben liegt und Ihnen die Längsseite der Dreiecke zugewandt ist.

SCHRITT 3

Die lange Seite um den Zeigefinger wickeln, sodass die beiden gegenüberliegenden Spitzen des Dreiecks auf Ihrem Finger zusammentreffen, die Ränder mit Ei bestreichen und vorsichtig zusammendrücken.

SCHRITT 4

In einem großen Topf die Rinderbrühe zum Kochen bringen. Die Tortellini hineingeben und in 2 Minuten al dente kochen. Mit einem Schaumlöffel aus dem Topf heben. In einer Suppenterrine servieren, dazu reichlich geriebenen Parmesan reichen.

Tipp: Übrig gebliebene Tortellini können eingefroren werden; vor dem Verzehr einfach für 2–3 Minuten kochen.

TORTELLONI IN BRODO
TORTELLONI IN HÜHNERBRÜHE

MÄSSIG SCHWIERIG

– Zubereitungszeit: *40 Minuten*
– Kochzeit: *40 Minuten*
– Kalorien p. P.: *597*
– *10 Portionen*

ZUTATEN

– Butter zum Einfetten
– 1 Menge Frischei-Pasta (siehe Seite 17)
– 150 g Schinken, fein geschnitten
– 1 große Hühnerbrust, gekocht, ohne Knochen, ohne Haut, in kleine Stücke geschnitten
– 100 g geriebener Parmesan (+ etwas Parmesan zum Garnieren)
– 150 ml Crème double, (nach Belieben)
– Hühnerbrühe
– Salz und Pfeffer

Den Pastateig auf einer sauberen Arbeitsfläche zu einer dünnen Platte ausrollen und mit einem Teigrädchen 10 cm große Quadrate ausschneiden.

Hühnerfleisch und Schinken in getrennten Schüsseln mit jeweils der gleichen Menge Parmesan verrühren. Mit Salz und Pfeffer würzen und so viel Crème double unterrühren, dass die Mischungen dick, aber nicht zu fest sind.

Die Hühnchenfüllung gleichmäßig in der Mitte von 10 Teigquadraten verteilen, jeweils mit einem Teigquadrat bedecken, und darauf die Schinkenfüllung ebenfalls gleichmäßig verteilen und mit den übrigen Pastaquadraten bedecken. Mit einem runden Ausstecher aus den gefüllten, geschichteten Teigquadraten 10 Tortelloni schneiden. Die Ränder fest zusammendrücken.

In einem großen Topf Wasser zum Kochen bringen. Die Tortelloni hineingeben und in 4 Minuten al dente kochen. Mit einem Schaumlöffel aus dem Topf heben.

Die Hühnerbrühe erhitzen. Die Tortelloni mit siedend heißer Hühnerbrühe und geriebenem Parmesan servieren.

Tipp: Der normale Schinken kann durch die gleiche Menge geräucherten Schinken oder italienischen Rohschinken ersetzt werden, das ergibt einen intensiveren Geschmack. Die Füllung wird dann entsprechend weniger gesalzen.

TORTELLINI DI MAGRO
TORTELLINI MIT KÄSE

MÄSSIG SCHWIERIG

– Zubereitungszeit: *35 Minuten*
– Kochzeit: *20 Minuten*
– Kalorien p. P.: *421*
– *6 Portionen*

ZUTATEN

– 300 g Ricotta
– 2 Eier
– 100 g geriebener Parmesan
– 1 EL frische glatte Petersilie, fein gehackt
– 1 Menge Frischei-Pasta (siehe Seite 17)
– zerlassene Butter oder frische Salbeibutter (siehe Seite 122), wahlweise
– Salz und Pfeffer

Für die Füllung Ricotta, Eier, Parmesan und Petersilie gut vermischen. Mit Salz und Pfeffer würzen und ruhen lassen.

Den Pastateig zu einer Platte ausrollen und 7,5 cm große Kreise ausstechen. Auf jeden Kreis ein kleines Häufchen der Füllung setzen, die Ränder mit den Fingern befeuchten und zusammenklappen. Einen Halbmond formen. Der obere Rand sollte knapp innerhalb des unteren Rands liegen. Die Ränder gut andrücken.

Die gefüllte Pasta um den Zeigefinger wickeln und die beiden Enden fest zusammenkleben, damit sie sich beim Kochen nicht voneinander lösen. Auf einem mit Mehl bestäubten sauberen Geschirrtuch auslegen und trocknen lassen.

Einen großen Topf mit Salzwasser zum Kochen bringen. Die Pasta hineingeben und in 4–5 Minuten al dente kochen. Gut abtropfen lassen und mit zerlassener Butter oder mit Salbeibutter servieren.

Tipp: Wichtig ist es, beim Zusammenklappen der Teigkreise die Luft um die Füllung herum möglichst vollständig herauszudrücken, damit sich die Tortellini beim Kochen nicht aufblähen.

CAPPELLETTI IN BRODO
CAPPELLETTI IN DER BRÜHE

MÄSSIG SCHWIERIG

- Zubereitungszeit: *1 Stunde*
- Kochzeit: *3 Minuten*
- Kalorien p. P.: *543*
- *6 Portionen*

ZUTATEN

- 1 Hühnerbrust, gekocht, in kleine Stücke geschnitten
- 1 Ei, leicht geschlagen, und 1 Eigelb
- 200 g Ricotta
- 1 Prise Muskatnuss, frisch gerieben
- 1 Menge Frischei-Pasta (siehe Seite 17)
- 1,5 l Rinder- oder Hühnerbrühe
- geriebener Parmesan
- Salz und Pfeffer

Für die Füllung die Hühnerbrust mit dem leicht geschlagenen ganzen Ei vermischen. Den Ricotta mit dem Eigelb cremig rühren und die Mischungen miteinander verrühren. Mit Salz, Pfeffer und Muskatnuss abschmecken.

Den Teig zu einer Platte ausrollen und 7,5 cm große Kreise ausstechen. Jeweils kleine Häufchen der Füllung auf jeden Kreis setzen und die andere Hälfte darüberklappen. Den Teig rund um die Füllung andrücken. Die beiden Enden des Halbkreises überlappend aufeinanderlegen und mit den Fingern fest zusammendrücken.

Die Brühe in einem großen Topf zum Kochen bringen. Die Pasta portionsweise hineingeben und in 3 Minuten al dente kochen. Mit der Brühe servieren, den geriebenen Parmesan getrennt reichen.

Tipp: Wenn Sie die Cappelletti in traditioneller Weise – in einer Rinder- oder Hühnerbrühe – servieren wollen, können Sie die Brühe am Vortag zubereiten und sie im Kühlschrank abkühlen lassen. Vor der Verwendung das Fett, das sich an der Oberfläche abgesetzt hat, abschöpfen.

CAPPELLACCI DI ZUCCA
CAPPELLACCI MIT KÜRBIS

MÄSSIG SCHWIERIG

- Zubereitungszeit: *40 Minuten*
- Kochzeit: *30 Minuten*
- Kalorien p. P.: *1115*
- *4 Portionen*

ZUTATEN

- 800 g Kürbis, gelbfleischig, in Scheiben geschnitten
- 1 Ei
- 100 g geriebener Parmesan
- Salz und Pfeffer
- 1 Prise frisch geriebene Muskatnuss
- frische Semmelbrösel (bei Bedarf)
- 1 Menge Frischei-Pasta (siehe Seite 17)
- 80 g Butter, zerlassen

Den Ofen auf 200 °C vorheizen.

Den Kürbis 20 Minuten backen, aus dem Ofen nehmen und etwas abkühlen lassen. Die Schale und die Samen entfernen und das Fleisch durch ein Sieb in eine Schüssel passieren.

Das Kürbisfleisch mit dem Ei und 40 g geriebenem Parmesan vermischen. Mit Salz, Pfeffer und 1 Prise Muskatnuss würzen. Alles gut verrühren. Wenn die Mischung zu weich ist, eine Handvoll Semmelbrösel hinzufügen.

Den Pastateig zu einer dünnen Platte ausrollen und 6 cm große Quadrate ausschneiden. Ein kleines Häufchen der Füllung in die Mitte setzen, die Pasta zu Dreiecken falten und die Ränder gut festdrücken. Die beiden seitlichen Enden zusammenführen und die Ränder ganz fest zusammendrücken.

Einen großen Topf mit Salzwasser zum Kochen bringen. Die Pasta hineingeben und in 4–5 Minuten al dente kochen. Gut abtropfen lassen und mit zerlassener Butter und dem übrigen geriebenen Parmesan servieren.

Tipp: Wenn die Pasta mit weniger Butter angerichtet werden soll, Butter in einem Topf zerlassen, einen EL Kochflüssigkeit von der Pasta zugeben und zu einer sämigen Emulsion verrühren.

ANOLINI DI PARMA
ANOLINI AUS PARMA

MÄSSIG SCHWIERIG

- Zubereitungszeit: *40 Minuten*
- Kochzeit: *2 Stunden 40 Minuten*
- Kalorien p. P.: *828*
- *6 Portionen*

ZUTATEN

- 60 g Butter
- 1 Karotte, fein gewürfelt
- 1 Selleriestange, in feinen Ringen
- 1 kleine Zwiebel, mit 2 Gewürznelken besteckt
- 400 g Rinderschulter oder Rumpsteak, in kleine Stücke geschnitten
- 50 g Salami, ohne Haut, fein geschnitten
- 100 ml Rotwein
- 1 EL Tomatenmark
- 400 ml heiße Rinderbrühe
- 40 g frische Semmelbrösel
- 50 g geriebener Parmesan, sowie eine zusätzliche Menge zum Servieren
- 1 Menge Frischei-Pasta (siehe Seite 17)
- Salz und Pfeffer

Für die Füllung die Butter in einem Topf mit dickem Boden (Kasserole) zerlassen. Die Karotte, den Sellerie und die ganze Zwiebel hineingeben und Farbe annehmen lassen. Rindfleisch und Salami zugeben. Wenn das Rindfleisch rundum gebräunt ist, den Wein zugießen. So lange kochen, bis dieser verdampft ist, und mit Salz und Pfeffer würzen. Tomatenmark in die heiße Brühe rühren und das Fleisch damit aufgießen. Bei niedriger Temperatur 2 Stunden zugedeckt köcheln lassen, bis das Fleisch sehr zart und die Kochflüssigkeit stark eingekocht ist. Vom Herd nehmen und die Zwiebel und Gewürznelken entfernen. Das Fleisch und das Gemüse absehen, die Kochflüssigkeit aufheben. Fleisch und Gemüse in eine Küchenmaschine geben und pürieren. Semmelbrösel und geriebenen Parmesan zugeben und zu einer Füllung verarbeiten.
Den Pastateig auf einer sauberen Arbeitsfläche zu einer dünnen Platte ausrollen. Mit einem Teigrädchen 6 cm breite Streifen ausschneiden. Jeweils einen TL der Füllung in einem Abstand von 7,5 cm auf einen Rand der Streifen setzen. Wenn alle Streifen mit Füllung besetzt sind, den Teig über die Füllung falten. Den Rand ringsum mit den Fingern andrücken und verschließen.
Die beiseitegestellte Kochflüssigkeit in einem Topf erhitzen und 100 ml Wasser zugießen.
In einem großen Topf Salzwasser zum Kochen bringen. Die Pasta hineingeben und in 4–5 Minuten al dente kochen. Gut abtropfen lassen, in eine Schüssel geben und die Brühe darüberschöpfen. Mit Parmesan bestreuen und servieren.

FAGOTTINI DI ZUCCA
FAGOTTINI MIT KÜRBIS

MÄSSIG SCHWIERIG

- Zubereitungszeit: *40 Minuten*
- Kochzeit: *40 Minuten*
- Kalorien p. P.: *581*
- *3 Portionen*

FÜR DIE FAGOTTINI

- 1 EL Olivenöl
- 200 g Kürbisfleisch, gewürfelt
- 2 kleine weiße Zwiebeln oder große Frühlingszwiebeln, fein gehackt
- 250 g Ricotta
- 2 EL Rosinen, eingeweicht und ausgedrückt
- ¾ Menge Frischei-Pasta (siehe Seite 17)
- 16 ganze Schnittlauchstängel, blanchiert
- Salz

FÜR DIE SAUCE

- 25 g Butter, zusätzlich Butter zum Einfetten
- 2 EL Mehl (Type 550)
- 475 ml Milch, angewärmt
- Salz und Pfeffer

Das Olivenöl in einer Kasserolle oder Pfanne erhitzen. Den Kürbis hineingeben und 15 Minuten kochen, bis er gar ist. Die Zwiebeln zugeben und mit Salz und Pfeffer würzen. Den Ricotta in einer großen Schüssel mit einem Holzlöffel kräftig rühren und mit der Kürbis-Zwiebelmischung und anschließend den Rosinen vermischen.

Den Ofen auf 180 °C vorheizen und eine feuerfeste Auflaufform großzügig ausbuttern. Den Pastateig zu einer Platte ausrollen und in 8 Quadrate mit einer Seitenlänge von 10 cm schneiden.

Die Füllung in 8 gleiche Portionen teilen und jeweils eine Portion in die Mitte eines jeden Teigvierecks setzen. Die Ecken eines jeden Vierecks über der Füllung zusammenraffen und jeden kleinen „Beutel" mit zwei Schnittlauchstängeln zubinden. Einen großen Topf mit Salzwasser zum Kochen bringen. Die Beutel hineingeben und 2–3 Minuten kochen. Mit einem Schaumlöffel vorsichtig aus dem Topf heben.

Für die Sauce die Butter zerlassen, Mehl unter schnellem Rühren zugeben und nach und nach in dünnem Strahl die lauwarme Milch dazurühren. Unter ständigem Rühren weitere 10 Minuten köcheln lassen. Die fertige Sauce sollte eine leicht dickflüssige Konsistenz haben. Eventuell ein wenig mehr Milch zugießen.

Die Pastapäckchen in die vorbereitete Form geben. Béchamelsauce darübergießen und 5–10 Minuten backen. Aus dem Ofen nehmen, 5 Minuten stehen lassen, dann servieren.

FAGOTTINI DI PUNTE D'ASPARAGI E FORMAGGI
FAGOTTINI MIT SPARGELSPITZEN UND KÄSE

EINFACH

– Zubereitungszeit: *25 Minuten*
– Kochzeit: *50 Minuten*
– Kalorien p. P.: *1300*
– *2 Portionen*

FÜR DIE FAGOTTINI

– ¾ Menge Frischei-Pasta (siehe Seite 17)
– 30 g Butter, zusätzlich Butter zum Einfetten
– 1 Zwiebel, gehackt
– 600 g Spargelspitzen, in kleine Stückchen geschnitten
– 80 g Fontina, gerieben
– 170 g Gorgonzola
– Salz

FÜR DIE SAUCE

– 250 ml Béchamelsauce (siehe Seite 87)
– 30 g Butter

Den Ofen auf 180 °C vorheizen und eine feuerfeste Auflaufform ausbuttern. Die Butter in einer Kasserolle oder Pfanne zerlassen, die Zwiebel und den Spargel hineingeben und in 15 Minuten weich dünsten. Mit Salz würzen und vom Herd nehmen. Den Fontina mit dem Gorgonzola in eine hitzebeständige Schüssel geben. Über einen großen Topf mit leicht kochendem Wasser stellen und so lange rühren, bis beide Käsesorten geschmolzen sind. Zum Spargel geben und gut verrühren.

Den Pastateig gleichmäßig ausrollen. Aus der Teigplatte 10 cm breite Streifen schneiden und diese in Quadrate teilen.

Die Spargel-Käsefüllung auf die Quadrate verteilen und jedes jeweils zu einem kleinen Bündel zusammenraffen. Einen großen Topf mit Salzwasser zum Kochen bringen, die Fagottini hineingeben und 2–3 Minuten kochen. Mit einem Schaumlöffel vorsichtig aus dem Topf heben.

Die Fagottini in die vorbereitete Auflaufform geben. Die Béchamelsauce darübergießen und mit Butterflöckchen besetzen. 20 Minuten backen.

PANSOTTI ALLA GENOVESE
PANSOTTI AUS GENUA

ANSPRUCHSVOLL

– Zubereitungszeit: *30 Minuten*
– Kochzeit: *20 Minuten*
– Kalorien p. P.: *670*
– *4 Portionen*

FÜR DIE PANSOTTI

– 450 g Borretsch, krause Endivie oder Mangoldblätter
– ½ Knoblauchzehe
– 200 g Ricotta
– 1 Ei, leicht geschlagen
– 100 g geriebener Parmesan
– ¾ Menge Frischei-Pasta (siehe Seite 17)
– Salz

FÜR DIE SAUCE

– 20 g frische Brotkrumen
– 150 ml Milch
– 150 g Walnüsse, geröstet
– ½ Knoblauchzehe
– 3 EL Olivenöl
– 20 g Butter
– 50 g geriebener Parmesan
– Salz

Die Brotkrumen in der Milch einweichen und beiseitestellen.
Einen Topf mit Salzwasser zum Kochen bringen. Den Borretsch hineingeben und blanchieren, bis er weich ist. Gut abtropfen lassen, das Kochwasser aufheben, und zusammen mit dem Knoblauch sehr fein hacken. Mit dem Ricotta, den Eiern und so viel geriebenem Käse vermischen, dass eine dicke Mischung entsteht, salzen.
Den Pastateig auf einer sauberen Arbeitsfläche zu einer dünnen Platte ausrollen und mit einem glatten Teigrädchen daraus 7,5 cm große Quadrate schneiden. Darauf gleichmäßig verteilt kleine Portionen der Füllung setzen und die leere Teighälfte darüberfalten. Den Teig rund um die Füllung gut andrücken und verschließen.
Für die Sauce die Walnüsse blanchieren, die dünnen Häutchen entfernen und in einem Mörser mit dem Knoblauch und den Brotkrumen zu einer Paste zerstoßen. Nach und nach so viel Öl hinzufügen, dass eine dickflüssige Sauce entsteht. Wird sie zu dick, 1–2 EL der beiseitegestellten Kochflüssigkeit unterrühren. Alternativ die Walnüsse, den Knoblauch und die Brotkrumen zum Zerkleinern in eine Küchenmaschine geben, das Öl unter die entstandene grobe Paste rühren, salzen.
Einen großen Topf mit Salzwasser zum Kochen bringen. Die Pasta hineingeben und in 2–3 Minuten al dente kochen. Gut abtropfen lassen und mit einigen Butterflöckchen und reichlich Parmesan zu der Walnuss-Sauce geben. Vermischen und servieren.

TORTELLINI DI CALAMARI ALLA CREMA VERDE
TORTELLINI MIT PESTO UND CALAMARI

MÄSSIG SCHWIERIG

– Zubereitungszeit: *35 Minuten*
– Kochzeit: *30 Minuten*
– Kalorien p. P.: *835*
– *4 Portionen*

FÜR DIE TORTELLINI

– 100 g Basilikumblätter, zusätzlich Blätter zum Garnieren
– 40 g Petersilie, zusätzlich etwas Petersilie zum Garnieren
– 20 g Pinienkerne
– 1 EL Walnüsse
– 120 ml Olivenöl
– 200 g Ricotta
– 1 Menge Frischei-Pasta (siehe Seite 17)
– Salz

FÜR DIE SAUCE

– 3 EL Olivenöl, zusätzlich Öl zum Servieren
– 1 Knoblauchzehe
– 200 g Baby-Calamari, gesäubert
– 2 EL trockener Weißwein
– 2 große reife Tomaten, enthäutet, entkernt und gewürfelt
– Salz und Pfeffer

Für das Pesto die Basilikum- und Petersilienblätter, Pinienkerne, Walnüsse und Olivenöl in eine Küchenmaschine geben. Zu einem groben Püree verarbeiten und in eine Schüssel geben. Den Ricotta zugeben, salzen und verrühren.

Den Pastateig zu einer dünnen Platte ausrollen und auf eine Hälfte gleichmäßig verteilte kleine Pestohäufchen setzen. Die andere Hälfte darüberfalten und die Ränder gut zusammendrücken. Mit einer runden Ausstechform Tortellini ausschneiden. Die beiden langen Punkte zusammenführen und die Ränder zum Verschließen gut zusammendrücken.

Für die Sauce 3 EL Öl in einer Kasserolle oder Pfanne erhitzen und den Knoblauch und die Baby-Calamari zugeben. Den Wein zugießen und zum Verdampfen bringen. 15 Minuten köcheln lassen. Die Calamari herausnehmen, in dünne Ringe schneiden und beiseitestellen.

Einen großen Topf mit Salzwasser zum Kochen bringen. Die Pasta hineingeben und in 4–5 Minuten al dente kochen. Gut abtropfen lassen und in die Kasserolle mit der Sauce geben. Den Knoblauch herausnehmen, mit wenig Öl besprenkeln und mit Salz und Pfeffer würzen. Die Tomaten und die Calamari mit den gehackten Petersilien- und Basilikumblättern zugeben und servieren.

REGISTER

A
AGNOLOTTI 14
- Agnolotti aus dem Piemont 138
- Agnolotti mit Spinat und Fleisch 145

Agnolotti alla Piemontese 138
Agnolotti di spinaci e brasato 145
ANOLINI 15
- Anolini aus Parma 164

Anolini di Parma 164
ARTISCHOCKEN: Cannelloni mit Artischocken 114
- Lasagne mit Artischocken und Pilzen 87
- Tortelli mit Artischocken und Käse 134

AUBERGINEN: Lasagne mit Aubergine und Ricotta 83
- Ravioli m. Auberginen u. Tomaten 129

B
BÉCHAMELSAUCE: Cannelloni mit Béchamelsauce 102
BLUMENKOHL: Pappardelle mit Blumenkohl und Gorgonzola 56
BOHNEN: Zweifarbige Tagliatelle mit Bohnensauce 60
- Tagliatelle mit Bohnen und Tintenfisch 47

BORRETSCH: Pansotti aus Genua 171
BROKKOLI: Buchweizen-Lasagne mit Brokkoli 95

C
CANNELLONI 14, 98–117
- Cannelloni mit Artischocken 114
- Cannelloni mit Béchamelsauce 102
- Cannelloni mit Fleisch und Pilzen 106
- Cannelloni mit Käse und Gemüse 105
- Cannelloni mit Käse und Spinat 101
- Cannelloni mit Meeresfrüchten 117
- Cannelloni mit Radicchio 113
- Cannelloni n. neapolitanischer Art 110
- Sorrentinische Gemüse-Cannelloni 109

Cannelloni ai carciofi 114
Cannelloni ai frutti di mare 117
Cannelloni alla besciamella 102
Cannelloni alla crema di radicchio 113
Cannelloni alla Napoletana 110
Cannelloni alle erbette 101
Cannelloni di carne e funghi 106
Cannelloni di formaggi e verdure 105
Cannelloni di ortaggi alla Sorrentina 109
Cappellacci di zucca 163
CAPPELLACCI: Cappellacci mit Kürbis 163
CAPPELLETTI 15
- Cappelletti in der Brühe 160

Cappelletti in brodo 160

D
Dreifarbige Lasagne 84

E
EIER 9
- Frischei-Pasta 17
- Lasagne mit Schinken und Ei 79

ENDIVIEN: Ravioli aus dem Piemont 133
ENTE: Pappardelle mit Entenragout 68

- Pappardelle nach der Art von Arezzo 63
- Ravioli mit Ente 150

ERBSEN: Tagliatelle mit Schinken und Erbsen 27

F
Fagottini di punte d'asparagi e formaggi 168
Fagottini di zucca 167
FAGOTTINI: Fagottini mit Spargelspitzen und Käse 168
- Fagottini mit Kürbis 167

FETTUCCINE 14
- Fettuccine mit Huhn und Mandeln 43
- Fettuccine mit Salsiccia und Balsamico-Essig 35
- Grüne Fettuccine 32

Fettuccine al pollo e mandorle 43
Fettuc. con salsiccia all'aceto balsamico 35
Fettuccine verdi 32
FISCH: Cannelloni m. Meeresfrüchten 117
- Ravioli mit Seebarsch 142
- Tagliatelle mit Lachs 44

FLEISCH: Agnolotti m. Spinat u. Fleisch 145
- Cannelloni mit Fleisch und Pilzen 106
- Lasagne mit Bolognese-Sauce 75
- Pappardelle mit Fleischsauce 23
- *Siehe auch* Rind; Schwein, …

Frischhaltefolie 12

G
GEMÜSE: Cannelloni mit Käse und Gemüse 105
- Sorrentinische Gemüse-Cannelloni 109

H
HUHN: Cannelloni m. Fleisch u. Pilzen 106
- Cannelloni mit Radicchio 113
- Cappelletti in der Brühe 160
- Fettuccine mit Huhn und Mandeln 43
- Tortelloni in Hühnerbrühe 156

HÜHNERKLEIN: Pappardelle mit Fleischsauce 23
HÜHNERLEBER: Cannelloni mit Fleisch und Pilzen 106

J
JAKOBSMUSCHELN: Pappardelle mit Jakobsmuscheln 55

K
KALBFLEISCH: Agnolotti aus dem Piemont 138
- Cannelloni mit Béchamelsauce 102
- Cannelloni mit Fleisch und Pilzen 106
- Karnevals-Lasagne 92
- Lasagne mit Trüffel-Kalbfleisch und Lauchsauce 96
- Ravioli aus dem Piemont 133

KANINCHEN: Agnolotti a. d. Piemont 138
- Pappardelle mit Kaninchen und Tomatensauce 51
- Ravioli aus dem Piemont 133

Karnevals-Lasagne 92
KÄSE: Cannelloni m. Käse u. Gemüse 105
- Cannelloni mit Käse und Spinat 101
- Cannelloni mit Radicchio 113
- Fagottini m. Spargelspitzen u. Käse 168
- Lasagne mit sahniger Pilz-Parmesansauce 80

- Lasagne mit Schinken und Ei 79
- Pappardelle mit Blumenkohl und Gorgonzola 56
- Ravioli mit Käse 122
- Sorrentinische Gemüse-Cannelloni 109
- Tagliatelle-Gratin 28
- Tortelli mit Artischocken und Käse 134
- Tortelli mit Radicchio und Robiola 141
- Tortellini mit Käse 159
- Vegetarische Lasagne 76
- *siehe auch* Ricotta

Kleine Helfer 12
KRABBEN: Pappardelle mit sahniger Krabben-Tomatensauce 52
KÜRBIS: Cappellacci mit Kürbis 163
- Fagottini mit Kürbis 167
- Tortelli mit Kürbis 137

L
LACHS: Tagliatelle mit Lachs 44
LASAGNE 14, 70–97
- Buchweizen-Lasagne mit Brokkoli 95
- Grüne Lasagne mit Steinpilzen 91
- Karnevals-Lasagne 92
- Lasagne mit Artischocken und Pilzen 87
- Lasagne mit Aubergine und Ricotta 83
- Lasagne mit Bolognese-Sauce 75
- Lasagne mit Meeresfrüchten 88
- Lasagne mit Pesto 73
- Lasagne mit sahniger Pilz-Parmesansauce 80
- Lasagne mit Schinken und Ei 79
- Lasagne mit Trüffel-Kalbfleisch und Lauchsauce 96
- Vegetarische Lasagne 76

Lasagne ai carciofi e funghi 87
Lasagne al pesto 73
Lasagne al ragù, tartufo, e crema di porri 96
Lasagne al sapore di mare 88
Lasagne alla Bolognese 75
Lasagne alle melanzane e ricotta 83
Las. con crema di Parmigiano e funghi 80
Lasagne di carnevale 92
Lasagne di grano saraceno con broccoli 95
Lasagne dorate 79
Lasagne tricolori 84
Lasagne vegetariane 76
Lasagne verdi ai funghi porcini 91
LAUCH: Lasagne mit Trüffel-Kalbfleisch und Lauchsauce 96

M
MAJORAN: Ravioli mit Majoran 130
MANDELN: Fettuccine mit Huhn und Mandeln 43
MASCARPONE: Taglierini mit Mascarpone und Paprika 36
MEERESFRÜCHTE: Cannelloni mit Meeresfrüchten 117
- Lasagne mit Meeresfrüchten 88

Mehl 9
Mixer 12
MORTADELLA: Tordelli aus Lucca 149
- Tortellini 155

N
,Nana' sulle pappardelle 68

O
Öl 9

P
PANCETTA: Pappardelle nach der Art von Arezzo 63
PANSOTTI: Pansotti aus Genua 171
Pansotti alla Genovese 171
PAPPARDELLE 14
– Pappardelle mit Blumenkohl und Gorgonzola 56
– Pappardelle mit Entenragout 68
– Pappardelle mit Fleischsauce 23
– Pappardelle mit Jakobsmuscheln 55
– Pappardelle mit Kaninchen und Tomatensauce 51
– Pappardelle mit Pilzen 24
– Pappardelle mit sahniger Krabben-Tomatensauce 52
– Pappardelle mit Walnüssen 59
– Pappardelle nach der Art von Arezzo 63
Pappardelle ai funghi 24
Pappard. al granchio velate al pomodoro 52
Pappardelle al ragù misto 23
Pappardelle al sugo di coniglio 51
Pappardelle all'aretina 63
Pappardelle alle cappesante 55
Pappardelle alle noci 59
Pappard. con cavolfiore e Gorgonzola 56
PAPRIKA: Taglierini mit Mascarpone und Paprika 36
PASTA
– Frischei-Pastateig 17
– Sorten 14–15
Pastamaschine 13
PESTO: Lasagne mit Pesto 73
– Tortellini mit Pesto und Calamari 172
PILZE: Cannelloni mit Fleisch und Pilzen 106
– Grüne Lasagne mit Steinpilzen 91
– Lasagne m. Artischocken u. Pilzen 87
– Lasagne mit sahniger Pilz-Parmesansauce 80
– Pappardelle mit Pilzen 24
– Ravioli m. Waldpilzen u. Thymian 126
Portionsgröße 10

R
RADICCHIO: Cannelloni m. Radicchio 113
– Tortelli mit Radicchio und Robiola 141
RAGOUT: Pappardelle mit Entenragout 68
– Tagliatelle mit Salsiccia-Ragout 39
RAVIOLI 14, 118–51
– Ravioli aus dem Piemont 133
– Ravioli m. Auberginen u. Tomaten 129
– Ravioli mit Ente 150
– Ravioli mit Käse 122
– Ravioli mit Majoran 130
– Ravioli mit Ricotta 121
– Ravioli mit Ricotta, Zucchini und Thymian 125
– Ravioli mit Seebarsch 142
– Ravioli m. Waldpilzen u. Thymian 126
– Ravioli mit weißen Trüffeln 146
Ravioli al tartufo bianco 146
Ravioli alla maggiorana 130
Ravioli d'anatra 150

Ravioli del plin 133
Ravioli di branzino 142
Ravioli di gallinacci al timo 126
Ravioli di magro 122
Ravioli di melanzane al burro 129
Ravioli di ricotta 121
Ravioli di ricotta con zucchine e timo 125
RICOTTA: Cannelloni m. Käse u. Spinat 101
– Cannelloni mit Meeresfrüchten 117
– Cappelletti in der Brühe 160
– Dreifarbige Lasagne 84
– Fagottini mit Kürbis 167
– Karnevals-Lasagne 92
– Lasagne mit Aubergine und Ricotta 83
– Pansotti aus Genua 171
– Ravioli mit Majoran 130
– Ravioli mit Ricotta 121
– Ravioli mit Ricotta, Zucchini und Thymian 125
– Ravioli mit weißen Trüffeln 146
– Tortellini mit Käse 159
– Tortellini mit Pesto und Calamari 172
RINDFLEISCH: Anolini aus Parma 164
– Cannelloni n. neapolitanischer Art 110
– Lasagne mit Bolognese-Sauce 75
– Pappardelle mit Fleischsauce 23
– Tagliatelle mit Salsiccia-Ragout 39
– Tordelli aus Lucca 149

S
SCHINKEN: Lasagne mit Schinken und Ei 79
– Tagliatelle m. Schinken u. Erbsen 27
– Tortelloni in Hühnerbrühe 156
SCHWEINEFLEISCH: Agnolotti aus dem Piemont 138
– Karnevals-Lasagne 92
– Pappardelle mit Fleischsauce 23
– Ravioli aus dem Piemont 133
– Tagliatelle mit Salsiccia-Ragout 39
– Tordelli aus Lucca 149
– Tortellini 155
SEEBARSCH: Ravioli mit Seebarsch 142
SEESPINNE: Taglierini mit Seespinne 64
Spachtel 12
SPARGEL: Fagottini mit Spargelspitzen und Käse 168
– Tagliatelle mit Spargel 40
SPINAT: Agnolotti aus dem Piemont 138
– Agnolotti mit Spinat und Fleisch 145
– Cannelloni mit Béchamelsauce 102
– Cannelloni mit Käse und Spinat 101
– Dreifarbige Lasagne 84
– Grüne Fettuccine 32
Stracci alle vongole 48
Stracci mit Venusmuscheln 48

T
TAGLIATELLE 14, 18–69
– Tagliatelle mit Bohnen und Tintenfisch 47
– Tagliatelle mit Lachs 44
– Tagliatelle mit Salsiccia-Ragout 39
– Tagliatelle mit Schinken und Erbsen 27
– Tagliatelle mit Spargel 40
– Tagliatelle-Gratin 28
– Zweifarbige Tagliatelle mit Bohnensauce 60
Tagliatelle al ragù di salsiccia 39

Tagliatelle al salmone 44
Tagliatelle alle asparagi 40
Tagliatelle bicolori al sugo di fagioli 60
Tagliatelle prosciutto e piselli 27
Tagliatelle, fave e calamaretti 47
Taglierini al tartufo 67
Taglierini alla crema di mascarpone e peperoni 36
Taglierini alla granceola 64
TAGLIERINI: Taglierini mit Mascarpone und Paprika 36
– Taglierini mit Seespinne 64
– Taglierini mit Trüffeln 67
TINTENFISCH: Tagliatelle mit Bohnen und Tintenfisch 47
– Tortellini mit Pesto und Calamari 172
TOMATEN: Pappardelle mit Kaninchen und Tomatensauce 51
– Pappardelle mit sahniger Krabben-Tomatensauce 52
– Pasta aus den Abruzzen mit Tomatensauce 31
– Ravioli m. Auberginen u. Tomaten 129
TORDELLI: Tordelli aus Lucca 149
Tordelli alla Lucchese 149
TORTELLI 14
– Tortelli mit Artischocken und Käse 134
– Tortelli mit Kürbis 137
– Tortelli mit Radicchio und Robiola 141
Tortelli di carciofi e formaggio 134
Tortelli di radicchio e robiola 141
Tortelli di zucca 137
TORTELLINI 15, 152–73
– Tortellini 155
– Tortellini mit Käse 159
– Tortellini mit Pesto und Calamari 172
– Tortellini 155
Tortellini 155
Tortellini di calamari alla crema verde 172
Tortellini di magro 159
Tortelloni in brodo 156
TORTELLONI: Tortelloni in Hühnerbrühe 156
TRÜFFEL: Lasagne mit Trüffel-Kalbfleisch und Lauchsauce 96
– Ravioli mit weißen Trüffeln 146
– Taglierini mit Trüffeln 67

U
Utensilien 12–13

V
VENUSMUSCHELN: Stracci mit Venusmuscheln 48

W
WALNÜSSE: Pappardelle mit Walnüssen 59
Wasser 10
WIRSING: Buchweizen-Lasagne mit Brokkoli 95
WURST: Cannelloni nach neapolit. Art 110
– Fettuccine mit Salsiccia und Balsamico-Essig 35
– Karnevals-Lasagne 92
– Tagliatelle mit Salsiccia-Ragout 39

Z
ZUCCHINI: Ravioli mit Ricotta, Zucchini und Thymian 125

Hinweise zu den Rezepten

Butter sollte immer ungesalzen sein.

Falls nicht anders angegeben, sind Eier und Früchte immer groß.

Milch ist immer Vollmilch, falls nicht anders angegeben.

Die Koch- und Zubereitungszeiten sind nur Richtwerte, da sich Öfen in der Wärmeleistung unterscheiden. Folgen Sie bei Umluftöfen den Temperaturangaben des Herstellers.

Manche Rezepte sehen rohe oder nur leicht gekochte Eier vor. Diese sollten von älteren Menschen, Kindern, Schwangeren, Rekonvaleszenten und Menschen mit einem beeinträchtigten Immunsystem gemieden werden.

Wenn als Maß Löffel angegeben sind, sind gestrichene Löffel gemeint.
1 Teelöffel = 5 ml;
1 Esslöffel = 15 ml.

Phaidon Press Limited
Regent's Wharf
All Saints Street
London N1 9PA

Phaidon Press Inc.
65 Bleecker Street
New York, NY 10014

www.phaidon.com

First published 2015
© 2015 Phaidon Press Limited

ISBN: 978 0 7148 7088 5

Italienische Kochschule – Pasta basiert auf *Il cucchiaio d'argento estate*, erstmals erschienen 2005, *Il cucchiaio d'argento cucina regionale*, erstmals erschienen 2008, *Scuola di cucina pasta fresca e ripiena*, erstmals erschienen 2013. © Editoriale Domus S.p.A and Cucchiaio d'Argento S.r.l.

Alle Rechte vorbehalten. Kein Teil dieser Publikation darf ohne die vorherige Genehmigung von Phaidon Press Limited veröffentlicht, in einem Abfragesystem gespeichert oder mithilfe eines elektronischen oder mechanischen Verfahrens, durch Fotokopie, Aufzeichnung oder auf sonstige Weise in beliebiger Form übertragen werden.

Redaktionsleitung: Emilia Terragni
Projektredaktion: Michelle Lo
Produktionskoordination: Mandy Mackie
Design: Atlas

Übersetzt aus dem Englischen durch Clemens Wilhelm und lektoriert durch Beate Vogt für Cillero & de Motta.

Fotos © Phaidon Press: Liz und Max Haarala Hamilton 6, 11, 22, 37, 41, 51, 57, 58, 61, 65, 69, 78, 81, 82, 86, 89, 90, 97, 103, 104, 111, 115, 124, 126, 128, 130, 135, 143, 144, 147, 148, 151, 157, 161, 162, 166, 169; Edward Park 42, 45, 54, 74, 110

Fotos © Editoriale Domus S.p.A. und Cucchiaio d'Argento S.r.l.: Archivio Cucchiaio d'Argento s.r.l. 8, 13, 15, 16, 20, 25, 26, 29, 30, 33, 34, 38, 46, 49, 53, 62, 66, 72, 77, 85, 93, 94, 100, 107, 108, 112, 116, 120, 123, 132, 136, 139, 154, 158, 165, 170, 173

Printed in Romania / Gedruckt in Rumänien

Der Verlag möchte sich bei Carmen Figini, Ellie Smith, Astrid Stavro, Nuria Cabrera, Lizzie Harris, Laura Gladwin, Theresa Bebbington, Susan Spaull und Vanessa Bird für ihre Beiträge zu diesem Buch bedanken.